El Júbilo de Dar Fiel y Alegremente

EL JÚBILO DE DAR FIEL Y ALEGREMENTE

Vincent Onyebuchi Nwankpa, Ph.D.

ARPress
ILLUMINATING IDEAS
EMPOWERING VOICES

ARPress
45 Dan Road Suite 15
Canton MA 02021
  Línea directa: 1(888) 821-0229
  Fax: 1(508) 545-7580

Información sobre pedidos:
Ventas por cantidad. Las empresas, asociaciones y otras entidades pueden beneficiarse de descuentos especiales en la compra de cantidades. Para más detalles, póngase en contacto con el editor en la dirección arriba indicada.

Impreso en los Estados Unidos de América.

  ISBN-13:   Tapa blanda   979-8-89676-095-5
                Libro electrónico 979-8-89676-096-2

Número de control de la Biblioteca del Congreso: 2024910079

TABLA DE CONTENIDOS

PRÓLOGO

Prólogo de Los Principios del Dar Cristiano, por Vincent Nwankpa, Ph.D.
Enero 17, 2021

Pocos temas generan más controversia y se abordan con menos frecuencia que el de las ofrendas cristianas. Rara vez la Iglesia aborda honestamente, o en absoluto, este aspecto tan importante del discipulado de un creyente en Cristo. El Dr. Nwankpa se ha expresado con claridad y gracia al poner sobre la mesa este debate.

Este libro, escrito con claridad y con los pies en la tierra, trata de cómo son realmente las cosas en la iglesia en lo que se refiere al dinero, a dar y a vivir una vida que honre al Señor y participe en la obra de su reino. Vincent nos ha hecho un gran favor al proporcionarnos una sólida perspectiva bíblica sobre el dar. Su investigación, sabiduría práctica y larga experiencia como experimentado seguidor de Jesús y ministro del evangelio proporcionan una ayuda sólida a los líderes de la iglesia local y paraeclesiástica.

Pero te advierto. Absorber este libro desafiará los propios valores del lector. ¿Poseemos nuestras riquezas, o ellas nos poseen a nosotros? Uno debe estar preparado para comprometerse personalmente con el fin de obtener el mayor beneficio de este maravilloso recurso de información, perspectiva y visión bíblica.

Además, el Dr. Nwankpa aborda el modo en que los contextos culturales afectan a las opiniones y prácticas sobre la donación. Centrándose en su

Nigeria natal, los lectores encontrarán sus observaciones interesantes y motivadoras, independientemente de dónde vivan.

Este libro ofrece un uso constante y apropiado de las Escrituras que instruye y exhorta al lector hacia una vida de donación alegre y generosa. Junto con numerosos enlaces adicionales para profundizar en el estudio, el lector se sentirá atraído por este tema tan oportuno. He disfrutado de una profunda amistad con Vincent y su familia durante más de 30 años, y le felicito por esta extraordinaria contribución a la familia de Cristo..

Mick Boersma, Ph.D.
Profesor Emérito de Ministerio Cristiano y Liderazgo
Escuela Talbot de Teología
Universidad de Biola

Entrada del Blog

Para "Los Principios del Dar Cristiano", por Vincent Nwankpa.
Enero 17, 2021

"Que el dinero habla, no lo negaré. Una vez lo oí, ¡decía adiós!". Crecí oyendo este dicho, y a menudo me hacía reír. Tal vez porque en nuestra granja teníamos mucha tierra y ganado, pero poco dinero en efectivo. Sin embargo, una vez que comencé a pastorear una iglesia, el humor de ese pequeño jingle comenzó a desvanecerse.

No cabe duda de que uno de los grandes desafíos a los que se enfrentan los líderes cristianos hoy en día es la tarea de conseguir una financiación adecuada y otros recursos para el ministerio. Hay numerosas razones para ello, y el hermano Vincent Nwankpa hace un tremendo trabajo descubriendo estas y otras cuestiones en su nuevo libro, <u>Los Principios del Dar Cristiano</u>. Disfrutando de la lectura, encontré su investigación bíblicamente sólida, actualizada y relevante para las realidades de hoy.

La gente de nuestro primer pastorado era generosa. Aunque nuestro salario era bajo, nos dieron afecto, tiempo, energía, comida y apoyo fiel a mi esposa y a mí cuando comenzamos nuestra vida ministerial juntos. Pero a lo largo del camino nuestros años en el ministerio han sido a menudo una lucha financiera, y para la mayoría de los pastores y misioneros de hoy las dificultades son un peligro real y presente para su salud, bienestar y misión.

Felicitaciones al Dr. Nwankpa por tomarse el tiempo y la energía para compartir sabiduría bíblica y toda una vida de experiencia para animarnos y enseñarnos a todos nosotros en el servicio cristiano. Tienes razón, hermano Vincent, cuando afirmas que hoy en día en las iglesias se da muy poca instrucción sobre cómo dar. Es hora de renovar el enfoque en los principios básicos del dar y la alegría que viene de vivir generosamente en el cuerpo de Cristo.

Mick Boersma, Ph.D.
Profesor Emérito de Ministerio Cristiano y Liderazgo
Escuela Talbot de Teología
Universidad de Biola

En el verano de 1999, Vincent Nwankpa y su mujer, Chinyere, fundaron una escuela en Nigeria. No había nada inusual en ello; mucha gente lo hacía, cada año.

Pero lo extraordinario era que los Nwankpas habían fundado la escuela *desde su casa de Norwalk, California.*

Y habían seguido dirigiendo la escuela desde Norwalk, solo con visitas ocasionales a Nigeria, durante más de veinte años—Vincent como presidente y director ejecutivo y Chinyere como miembro del consejo de administración. Bajo su dirección, la Escuela Cristiana Palabra Eterna de Nekede, en el estado nigeriano de Imo, había pasado de un comienzo exiguo, con 6 alumnos, a una próspera matrícula de 870, añadiendo una escuela secundaria, una biblioteca, una cafetería, un edificio para laboratorio de ciencias, un edificio para dormitorios y no sé qué más, graduando a alumnos de gran reputación académica y, lo que es más importante, con un gran amor por Jesús.

En la consecución de todo esto, los Nwankpas habían sido hábilmente ayudados por el devoto profesorado de la Escuela Cristiana Palabra Eterna, su distinguida administración y su excelente alumnado. Pero aún así, Vincent y Chinyere comenzaron la escuela *desde la sala de su casa en Norwalk.* ¿Te suena fácil? Y la dirigen desde allí. Es lo más asombroso que nadie que yo conozca personalmente haya hecho jamás.

Es tan asombroso que obviamente fue *cosa de Dios;* la gente no puede hacer eso, solo Dios puede. Vincent y Chinyere son un testimonio de lo que Dios puede hacer cuando dos personas sometidas a Él dan un paso al frente con fe.

He sido amigo de los Nwankpas desde que conocí a Vincent en una reunión misionera de oración en La Mirada, California, en 1986. Tuve la suerte de estar cerca cuando se puso en marcha la escuela hace veintidós años. Incluso fui su pastor durante algunos años. Conozco a estas personas, y por favor créanme cuando les digo que son auténticas. Cuando se trata de dar, de fe, de amor y de la alegría que produce someterse a la voluntad de Dios y hacer grandes cosas por Su reino, estas son dos personas que saben de lo que hablan.

He leído este libro con mucha atención, y ha sido una tremenda bendición para mí. Está cargado de valiosos pasajes bíblicos y explicaciones alentadoras, y con sugerencias muy prácticas sobre cómo aplicar los principios bíblicos de dar en tu propia vida. Pero lo que más me gusta de este pequeño y potente volumen es que lo que enseña sobre dar lo viven Vincent y Chinyere en sus propias vidas. El libro presenta lo que enseña la Biblia, pero también se forjó a partir de las propias experiencias personales de los Nwankpas, y todos nosotros podemos aprender algo de lo que tienen que compartir.

Me complace presentarles a esta maravillosa pareja con la esperanza de que, a través de las importantes lecciones de este libro, sus ideas y experiencias enriquezcan enormemente su camino con Dios. Ciertamente han enriquecido el mío.

Jack Littlefield, Febrero 2, 2021

PREFACIO

La idea de escribir este libro surgió de la tesis que escribí en 1983 durante mis años de seminario en el Seminario Teológico ECWA de Igbaja, en el estado de Kwara (Nigeria), titulada *Los Principios del Dar Cristiano*. Mi motivación para elegir ese tema surgió de mi propia convicción sobre dar a la obra de Dios y dar a la gente, sin importar lo grande o pequeña que sea la cantidad. No soporto ver a gente necesitada sin ayudarla. Me encanta dar. Y odio decir que no a la gente, sean cuales sean las circunstancias. Pero tengo que tener cuidado, porque no decir que no a la gente puede ser una debilidad.

Dos pasajes de las Escrituras en particular fueron mis bases para dar. El primero decía: «Den y se les dará: se les echará en el regazo una medida llena, apretada, sacudida y desbordante. Porque con la medida con que midan a otros, se les medirá a ustedes» (Lucas 6:38). Cuando recordé que solo era una administradora de aquello con lo que el Señor me había bendecido, me animé a dar. Cuando daba a los demás, era Dios quien me lo devolvía. No esperaba recibir nada a cambio de la persona a la que daba, porque tal vez esa persona no tuviera nada que devolverme, así que simplemente daba. En el segundo pasaje, Pablo cita las palabras de Jesús en relación con el dar: "Con mi ejemplo les he mostrado que es preciso trabajar duro para ayudar a los necesitados, recordando las palabras del Señor Jesús: "Hay más dicha en dar que en recibir"." (Hechos 20:35). La idea de que era más bienaventurado dar que recibir había sido un principio rector importante a lo largo de mi vida.

Un estudio sobre el dar nos llevó directamente al descubrimiento de cómo la Palabra de Dios se aplicaba a nuestras vidas. Desafió nuestro compromiso de dar como se nos ordenaba en las Escrituras. Aprendamos a dar con alegría, «porque Dios ama al dador alegre» (2 Corintios 9:7). Dar supuso una diferencia eterna. Y como Jesús vino a dar en vez de a recibir, tú eres como Jesús cuando das.

Oro para que este libro te lleve a considerar lo que Dios dice en Su Palabra acerca de dar, y despierte tu corazón para dar alegremente, de modo que lo que des, a la obra de Dios y a las personas necesitadas, tenga un impacto para la eternidad.

Agradecimientos

El autor aprovecha esta oportunidad para expresar su gratitud a todos aquellos que le han apoyado con su moral y sus oraciones a lo largo de la redacción de este libro. Agradece a su esposa, Chinyere Nwankpa, la coedición de este libro. Muchas gracias a Chinyere por su paciencia y sus sinceras críticas.

También está agradecido con su hijo, Chidinma Paul Nwankpa, y su hija, Chioma Favour VIN-Nwankpa, por su paciencia con él durante la redacción de este libro. El autor está especialmente agradecido a su viejo amigo desde hace treinta y cuatro años, su antiguo pastor y actual miembro del consejo de Eternal Word Communication Ministries, Jack Littlefield, por el papel que ha desempeñado en la edición de este libro.

Me siento honrado de reconocer la parte que el Dr. Mick Boersma jugó en escribir uno de los blogs de este libro, «El Gozo de Dar Fiel y Alegremente: Principios maravillosos para adoptar». Que Dios lo bendiga de verdad.

Está muy agradecido a Dios Todopoderoso por haberle dado la oportunidad de escribir este libro durante este periodo pandémico. Este tiempo de desafío ha sido, al menos en cierto modo, una bendición disfrazada, porque le ha dado tiempo para escribir este libro sobre dar y para escribir otro sobre el matrimonio y la poligamia. El Señor es su fuerza y su ayuda.

INTRODUCCIÓN

Es importante que tomemos nota de ciertos hechos sobre el dinero antes de proseguir con el estudio del dar cristiano. Uno de ellos *es que nuestra autoestima no depende de la cantidad de dinero que tengamos o dejemos de tener.* "El rico y el pobre tienen esto en común: a ambos los hizo el Señor." (Proverbios 22:2 NVI. Ver también Deuteronomio 8:16-18). La Biblia nos enseña que "Porque somos hechura de Dios, creados en Cristo Jesús para buenas obras" (Efesios 2:10 NVI). El dinero no es una recompensa por vivir piadosamente. Seremos recompensados cuando Jesús regrese, y nuestro trabajo "su obra se mostrará tal cual es, pues el día del juicio la dejará al descubierto. El fuego la dará a conocer y pondrá a prueba la calidad del trabajo de cada uno. Si lo que alguien ha construido permanece, recibirá su recompensa, pero si su obra es consumida por las llamas, él sufrirá pérdida. Será salvo, pero como quien pasa por el fuego." (1 Corintios 3:13-15 NVI).

Otro principio a tener en cuenta es que *el dinero no es garantía de satisfacción.* Pablo nos explica que la satisfacción no tiene nada que ver con nuestras circunstancias o riquezas materiales: "No digo esto porque esté necesitado, pues he aprendido a estar satisfecho en cualquier situación en que me encuentre. Sé lo que es vivir en la pobreza y lo que es vivir en la abundancia. He aprendido a vivir en todas y cada una de las circunstancias, tanto a quedar saciado como a pasar hambre, a tener de sobra como a sufrir escasez. Todo lo puedo en Cristo que me fortalece." (Filipenses 4:11-13 NVI). Las directrices de Dios para el éxito en la vida y la verdadera *prosperidad* no tenían nada que ver con cuánto dinero ganabas. Hace más de tres mil años, Dios instruyó a Josué: "Recita siempre el libro de la Ley y medita en él de día y de noche; cumple con cuidado todo lo que en él está escrito. Así prosperarás y tendrás éxito." (Josué 1:8 NVI).

La mayoría de los cristianos de hoy han aprendido mucho sobre el compromiso cristiano. Han aprendido a entregar sus vidas a Dios o a Jesucristo. Han aprendido a superar debilidades personales, prácticas y hábitos que no son cristianos. Mantienen su compromiso de asistir regularmente a la iglesia. Han aprendido a ser responsables a la hora de servir en sus iglesias. No han descuidado su dieta de devoción, oración privada y oración familiar.

Pero la mayoría de los cristianos no han aprendido a dar, ya sea dinero, tiempo o talentos para la obra del Señor. Sin embargo, dar según la Biblia es crucial para que cualquier proyecto, organización, empresa, sociedad o iglesia cristiana se mantenga en pie. Uno de los mayores problemas a los que se enfrentan hoy nuestras iglesias y organizaciones cristianas son las finanzas. Algunos de los cristianos que dan dinero para la obra del Señor lo hacen solo por obligación: porque sienten que tienen que hacerlo. Otros que dan voluntariamente no lo hacen con alegría. Las prácticas bíblicas de dar proporcionalmente y dar con sacrificio son escasas. Una de las razones es la falta de una buena enseñanza bíblica sobre por qué y cómo deben dar los cristianos. Aunque algunos cristianos sufren pobreza, otros tienen abundancia, pero derrochan su riqueza solo para sí mismos sin preocuparse por las masas que sufren.

Me apasiona este tema del dar cristiano, porque me encanta dar con generosidad, sacrificio, alegría y pasión, siempre que puedo. Quiero que más gente aprenda a dar también. Hay bendiciones en dar, especialmente cuando das a aquellos que no pueden devolverte. Dios Todopoderoso será quien te recompense por haber bendecido a otros con tus recursos. Una de las bendiciones más increíbles de mi vida ha sido el Ministerio de Comunicación Palabra Eterna, que mi esposa y yo iniciamos hace veintiséis años. Sin embargo, ese ministerio nunca podría haber surgido sin personas cristianas fieles que han puesto en práctica lo que la Biblia enseña sobre dar, tanto financieramente como de otras maneras. *Cuando el pueblo de Dios practica el dar bíblicamente, ¡pueden suceder grandes cosas!*

Otro principio importante que hay que recordar es que *dar es la prueba del amor*. "Si alguien que posee bienes materiales ve que su hermano está pasando necesidad y no tiene compasión de él, ¿cómo se puede decir que el amor de Dios habita en él?". (1 Juan 3:17). Dar a los demás fluye de un corazón de amor, y la Biblia, basándose en esta verdad, da directrices claras para dar guiados por el Espíritu. Un pastor de hace mucho tiempo lo dijo así: Dar en la iglesia puede ser una irritación o una inspiración. Si se hace por compulsión externa, suele ser una irritación. Si viene de dentro y es la expresión del motivo cristiano, suele ser una inspiración y una alegría.[1]

El propósito de este libro es recordar al pueblo de Dios que ha sido *comprado por un precio*—la sangre de Jesucristo—y que es su responsabilidad responder al don de Dios dando, según los principios divinos establecidos en las Escrituras. "Ustedes fueron comprados por un precio; no se vuelvan esclavos de nadie". (1 Cor 7:23; véase también 6:19-20). Cristo dio su vida por ti; tú puedes, del mismo modo, dar para ayudar a los demás.

Este libro se basará en los conceptos del Antiguo y del Nuevo Testamento sobre el dar cristiano. Debido al hecho de que la idea correcta de dar falta en la mayoría de los cristianos de hoy, es mi intención enfocar este trabajo a través de cinco divisiones principales: Enseñanzas del Antiguo Testamento sobre el dar (diezmar); los motivos y propósitos del dar cristiano; los principios y métodos del dar cristiano; las desventajas del dar cristiano; y finalmente, las soluciones a la falta de dar cristiano.

---

1. Albert. W. Beaven, Putting the Church on a Full Time Basis (New York: Doubleday, Doran and Company, Inc. 1928), p. 143.

CAPÍTULO 1

Los Principios de Dar del Antiguo Testamento

Hay dos tipos de dar que se enseñan constantemente en las Escrituras: dar al gobierno, que siempre es obligatorio, y dar a Dios, que siempre es voluntario.

Los diezmos se usaban para los impuestos, para financiar el presupuesto nacional en Israel, y no principalmente para dar a Dios. La palabra hebrea para diezmo significa literalmente *una décima parte* o 10 por ciento: "Cada año, sin falta, apartarás la décima parte de todo lo que produzcan tus campos." (Deuteronomio 14:22). Los sacerdotes levitas eran los encargados de recolectar los diezmos porque Israel era una sociedad teocrática: "Cuando ya hayas apartado la décima parte de todos tus productos del tercer año, que es el año del diezmo, se la darás al levita, al extranjero, al huérfano y a la viuda, para que coman y se sacien en tus ciudades." (Deuteronomio 26:12, véase también 10:37-38).

El pueblo de Israel no pagaba solo el 10 por ciento. Pagaban otros impuestos menores que les imponía la ley, que sumaban una media de alrededor del 23 por ciento anual. Todo el dinero que pagaban se utilizaba para el funcionamiento de la nación, pero cualquier donación aparte de la necesaria para el funcionamiento del gobierno era puramente voluntaria (Éxodo 25:2, 1 Crónicas 29:6-9).

El Diezmo Antes de la Ley

Entonces Melquisedec, rey de Salem, sacó pan y vino. Era sacerdote del Dios Altísimo, y bendijo a Abraham, diciendo: "Y Melquisedec, rey de Salén, le ofreció pan y vino. Melquisedec era sacerdote del Dios Altísimo. Luego bendijo a Abram con estas palabras: "¡Que el Dios Altísimo, Creador del cielo y de la tierra, bendiga a Abram!, ¡Bendito sea el Dios Altísimo, que entregó en tus manos a tus enemigos!". Entonces Abram le dio el diezmo de todo". (Génesis 14:18-20).

Abraham dio a Melquisedec, el sacerdote de Dios, el diezmo de lo que había ganado en la batalla en la que derrotó a Kedorlaomer y trajo de vuelta a su sobrino Lot. Abraham dio a Melquisedec, el sacerdote de Dios, el diezmo de lo que había ganado en la batalla en la que derrotó a Kedorlaomer y trajo de vuelta a su sobrino Lot. Este diezmo incluía no solo dinero y otras posesiones, sino también siervos (Génesis 14:14-16). Este diezmo a Melquisedec fue ofrecido por Abraham antes de que Dios ordenara el diezmo en la Ley de Moisés del Antiguo Testamento. Abraham no fue el solo personaje anterior a la Ley de Moisés a quien la Biblia relaciona con el diezmo:

> Entonces Jacob hizo un voto, diciendo: "Luego Jacob hizo esta promesa: Si Dios me acompaña y me protege en este viaje que estoy haciendo, si me da alimento y ropa para vestirme, y si regreso sano y salvo a la casa de mi padre, entonces el Señor será mi Dios. Y esta piedra conmemorativa que yo erigí será casa de Dios y de todo lo que Dios me dé, le daré la décima parte" (Génesis 28:20- 22)

Jacob prometió dar a Dios el 10 por ciento de sus ganancias si Dios lo bendecía en su viaje. En ninguna parte del texto se dice que Dios ordenó a Jacob que le diera el diezmo. Jacob le dio a Dios su diezmo voluntariamente. Los casos de Abraham y Jacob fueron los dos solos ejemplos de diezmo encontrados en el Antiguo Testamento antes de que se diera la ley. Brian Anderson observó lo siguiente:

> Ambos fueron ejemplos de dar voluntario, y ninguno fue impuesto por Dios. En ninguno de los patriarcas vemos un

ejemplo de diezmo como práctica general de vida. De hecho, en la vida de Abraham, parecía que teníamos un diezmo del botín de la victoria militar dado al sacerdote de Dios solo una vez.[2]

El Diezmo en la Ley de Moisés

Hay muchos pasajes del Antiguo Testamento que tratan del diezmo en la ley de Moisés. Hay versículos sobre la manada, el rebaño, el producto de la tierra, la semilla de la tierra y el fruto del árbol. Se esperaba que el pueblo judío dedicara una porción de todos estos productos al Señor.

El diezmo de todo lo que proviene de la tierra, ya sea grano de la tierra o fruto de los árboles, pertenece al Señor; es sagrado para el Señor. Si un hombre rescata algo de su diezmo, debe añadirle la quinta parte de su valor. Todo el diezmo de la manada y del rebaño—cada décimo animal que pase bajo la vara del pastor—será santo para el Señor. No debe escoger lo bueno de lo malo ni hacer ninguna sustitución. Si hace una sustitución, tanto el animal como su sustituto se convierten en santos y no pueden ser redimidos (Levítico 27:30-33).

Pasajes como éste no se refieren al dinero, sino a los diezmos que el pueblo debía dar cada año después de terminar de cosechar sus productos. Ya en Levítico 27 vemos el principio de honrar al Señor "Honra al Señor con tus riquezas y con los primeros frutos de tus cosechas." (Proverbios 3:9). Se pedía al pueblo que diera a Dios lo primero y lo mejor, en lugar de las sobras o algo inferior. Debemos recordar que Dios entregó a su Hijo unigénito como sacrificio por nuestros pecados. Por esa razón, Dios no merece nada menos que lo mejor de todos nosotros.

Había un primer diezmo dado a los levitas para mantenerlos y un segundo diezmo para patrocinar los festivales religiosos. Al pueblo se le permitía vender parte del diezmo y llevar el dinero a Jerusalén para comprar bienes para la fiesta (Deuteronomio 14:22-29, Números 18:21, Nehemías 12:44, Malaquías 3:8-12). Dejaban parte del diezmo para los pobres, las viudas y los huérfanos.

Aquí hay algunos puntos importantes a considerar sobre el diezmo:

El diezmo es el primer 10 por ciento

"Cada año, sin falta, apartarás la décima parte de todo lo que produzcan tus campos". (Deuteronomio 14:22). A los hijos de Israel se les pidió que dieran a Dios el 10 por ciento de lo que produjeran de la tierra y del aumento de sus rebaños y manadas (Levítico 27:30-34). El 10 por ciento era usualmente del bruto antes de cualquier otro gasto. No era de las sobras. Más tarde, cuando los sacerdotes comenzaron a darle a Dios sus sobras, Dios no estaba contento con ellos y les dijo: "El hijo honra a su padre y el siervo a su señor. Ahora bien, si soy tu padre, ¿dónde está el honor que merezco? Y si soy señor, ¿dónde está el respeto que se me debe? Yo, el Señor de los Ejércitos, les pregunto a ustedes, sacerdotes que desprecian mi nombre. Y encima preguntan: "¿En qué hemos despreciado tu nombre?"." (Malaquías 1:6).

Pushpay Blog, comentando sobre el diezmo, explicó esto con más detalle:

> El diezmo no era algo que Israel hacía de la misma manera que nosotros tiramos sin pensar una propina abajo con nuestra cuenta en un restaurante. Era una práctica intencional que Dios utilizaba para enseñar a Israel sobre su propiedad soberana de todo. En lugar de ser consumidores de sus bendiciones, tenían que pararse a pensar en cuántas bendiciones tenían.[3]

Jesús también se refirió a la actitud del dador al dar el diezmo. Val Boyle escribió: "¡Ay de ustedes, maestros de la Ley y fariseos, hipócritas! Dan la décima parte de sus especias: la menta, el anís y el comino. Pero han descuidado los asuntos más importantes de la Ley, tales como la justicia, la misericordia y la fidelidad. Debían haber practicado esto sin descuidar aquello."[4] en Mateo 23:23.

Muchos creyentes quieren saber si los cristianos contemporáneos que están bajo la gracia están obligados hoy a diezmar como se le ordenó a Israel en el Antiguo Testamento. Pero no hay pasajes en ninguna parte de las Escrituras que obliguen a los cristianos a diezmar como lo hacía el pueblo judío. Los cristianos deben dar de acuerdo a los principios del Nuevo Testamento, que este libro retomará más adelante. Si entendemos correctamente las enseñanzas del Nuevo Testamento sobre dar, en realidad es bueno dar *más* del 10 por ciento de nuestros ingresos.

El Diezmo Pertenece a Dios

"El diezmo de todo producto del campo, ya sea grano de los sembrados o fruto de los árboles, pertenece al Señor, pues le está consagrado." (Levítico 27:30). Una cosa que podemos aprender de este pasaje es que cuando damos nuestro dinero a la iglesia o a cualquier institución cristiana, se lo estamos dando a Dios, y no al pastor o a los dirigentes de la organización. Y cuando no damos como deberíamos, estamos robando a Dios (Malaquías 3:8, véase también Mateo 22:21). Eso es lo que sucedió con el antiguo Israel. Chris Cree escribió:

> Dios instituyó formalmente el diezmo en la Ley del Antiguo Pacto de Moisés. El diezmo debía ofrecerse a los sacerdotes y debía usarse para mantener a los sacerdotes y a los levitas. Y como con la mayor parte de la Ley, el pueblo de Dios no era muy bueno para cumplir con el diezmo.[5]

El diezmo debe darse con fe:

"Reprenderé al devorador para que no arruine sus cultivos y las vides en los campos no pierdan su fruto —dice el Señor de los Ejércitos—." (Malaquías 3:11). Cuando diezmamos con fe, nuestro Señor promete reprender al devorador. Eso implica que Dios nos protegerá de problemas y enfermedades. Los creyentes deben diezmar con fe y Dios abrirá las ventanas del cielo sobre sus vidas. "En realidad, sin fe es imposible agradar a Dios, ya que cualquiera que se acerca a Dios tiene que creer que él existe y que recompensa a quienes lo buscan." (Hebreos 11:6). Kenneth Copeland comenta específicamente sobre diezmar por fe: "Si usted no está diezmando fielmente, sus prioridades están en el lugar equivocado. Sus prioridades están en el reino natural en lugar del reino espiritual. Y es lo que está en el reino espiritual lo que te sacará de problemas y hará que seas abundantemente bendecido".[6]

Diezmar el 10 Por Ciento Protege el Otro 90 Por Ciento

"Reprenderé al devorador para que no arruine sus cultivos y las vides en los campos no pierdan su fruto —dice el Señor de los Ejércitos—."

(Malaquías 3:11). Al comentar este pasaje, Kenneth Copeland animó al dador de la siguiente manera:

> Dale a Dios lo que es suyo, y Él protegerá lo que es tuyo. Al honrar a Dios con el 10 por ciento que le pertenece, Él se involucrará con el resto. El otro 90 por ciento irá más lejos que nunca antes porque usted tiene el poder sobrenatural de Dios involucrado en sus finanzas.[7]

Dios Dijo, "Pruébame" en el Diezmo

Dios quiere bendecirnos abundantemente si obedecemos sus mandamientos. Él quiere que lo probemos al dar nuestros diezmos y ofrendas, y Él nos bendecirá de una manera que nos sobrecogerá. "Traigan íntegro el diezmo a la tesorería del Templo; así habrá alimento en mi casa. Pruébenme en esto —dice el Señor de los Ejércitos—, y vean si no abro las compuertas del cielo y derramo sobre ustedes bendición hasta que sobreabunde." (Malaquías 3:10). Como señaló Jerry Savelle, "Si no eres un sembrador [o un diezmador], no tienes derecho a una cosecha".[8]

El Diezmo es Para Nuestro Beneficio

El siguiente pasaje ocurre en un contexto que describe el gozo que aquellos en el Antiguo Testamento reciben cuando dan: "Y los levitas y los extranjeros celebrarán contigo todo lo bueno que el Señor tu Dios te ha dado a ti y a tu familia." (Deuteronomio 26:11). Cuando diezmamos, estamos sembrando una semilla, y más tarde recogeremos la cosecha de la semilla que hemos sembrado. Por eso las Escrituras nos dicen: "Honra al Señor con tus riquezas y con los primeros frutos de tus cosechas. Así tus graneros se llenarán a reventar y tus bodegas rebosarán de vino nuevo." (Proverbios 3:9-10). Copeland confirma que cuando damos, nosotros mismos recibimos bendiciones: "Dios lo reinvierte en nuestro beneficio. El diezmo protege la cosecha. No se puede sembrar a menos que se diezme: el diezmo es lo primero. Los beneficios van más allá de lo que puedas imaginar".[9]

El Diezmo era Nuestro Pacto con Dios en el Antiguo Testamento

"Los israelitas han pecado y han violado el pacto que concerté con ellos.

Se han apropiado del botín de guerra que debía ser destruido y lo han escondido entre sus posesiones. Por eso los israelitas no podrán hacerles frente a sus enemigos, sino que tendrán que huir de sus adversarios. Ellos mismos acarrearon su destrucción. Y, si no destruyen ese botín que está en medio de ustedes, yo no seguiré a su lado." (Josué 7: 11-12)

En el Antiguo Testamento, negarse a diezmar desconectaba a alguien del pacto de bendición. Cuando dabas en el Antiguo Testamento, Dios te bendecía ricamente y te defendía de la destrucción o el mal. A los creyentes del Nuevo Testamento nunca se les ordenó diezmar. Segunda de Corintios 9:6-7 nos da pautas para nuestras ofrendas a Dios y a Su obra en este pacto del Nuevo Testamento: "Recuerden esto: El que siembra escasamente, escasamente cosechará, y el que siembra en abundancia, en abundancia cosechará. Cada uno debe dar según lo que haya decidido en su corazón, no de mala gana ni por obligación, porque Dios ama al que da con alegría."

No Diezmar Impide Tu Bendición De Dios
Una de las formas en que los israelitas violaron su relación de pacto con Dios fue al no dar sus diezmos como Él había ordenado. Dios los reprendió específicamente por eso: "Desde la época de sus antepasados se han apartado de mis estatutos y no los han guardado. Vuélvanse a mí y yo me volveré a ustedes —dice el Señor de los Ejércitos—.

> Pero ustedes preguntan: "¿En qué sentido tenemos que volvernos?". "¿Acaso roba el ser humano a Dios? ¡Ustedes me están robando!" Y todavía preguntan: "¿En qué te robamos?". En los diezmos y en las ofrendas. Ustedes —la nación entera—, están bajo gran maldición, pues es a mí a quien están robando. Traigan íntegro el diezmo a la tesorería del Templo; así habrá alimento en mi casa. Pruébenme en esto —dice el Señor de los Ejércitos—, y vean si no abro las compuertas del cielo y derramo sobre ustedes bendición hasta que sobreabunde." (Malaquías 3:7-10)

Cuando nos negamos a dar a Dios, nuestras bendiciones también se ven obstaculizadas. Aunque el diezmo era una instrucción del pacto del Antiguo Testamento, se menciona en el Nuevo Testamento. Jesús corrigió a los líderes religiosos de su tiempo, proclamándoles: "¡Ay de ustedes, maestros de la Ley y fariseos, hipócritas! Dan la décima parte de sus especias: la menta, el anís y el comino. Pero han descuidado los asuntos más importantes de la Ley, tales como la justicia, la misericordia y la fidelidad. Debían haber practicado esto sin descuidar aquello." (Mateo 23:23, véase también Lucas 11:42). En una de las parábolas de Jesús, el fariseo del templo oraba: "Ayuno dos veces a la semana y doy la décima parte de todo lo que recibo" (Lucas 18:12).

Sin embargo, por muchas razones, no todos los detalles de la Ley del Antiguo Testamento incumben a los creyentes de hoy. Por ejemplo, Hebreos 7:1-10 muestra que el sacerdocio de Jesucristo ha superado al sacerdocio levítico del Antiguo Testamento. Hebreos 9:6-26, 10:1-18 nos enseña que el sacrificio de Jesús ha superado y reemplazado todos los sacrificios del Antiguo Testamento. El Nuevo Pacto que Jesús trajo ha hecho que el Antiguo Pacto sea *obsoleto y anticuado,* pronto a *desaparecer* (Hebreos 10:13).

Aunque el Antiguo Testamento exigía el diezmo, nunca se ordena en el Nuevo Testamento; en cambio, se exhorta a los creyentes a seguir el ejemplo de Cristo en sus ofrendas. Anderson escribió: "Las Escrituras no enseñan que el diezmo es obligatorio para los creyentes del Nuevo Testamento. Sin embargo, ¡enseñan que los cristianos deben ser generosos, sacrificados, expectantes y alegres dadores!"[10] Los comentarios de Val Boyles sobre el diezmo son dignos de mención aquí:

> Hay que volver a figurar que, aunque en el Nuevo Testamento se enseña ampliamente a los cristianos a dar para la obra de Dios, no hay ninguna escritura que enseñe a diezmar. Lo que sí enseñan es que los cristianos pertenecen a Dios y lo que tienen lo mantienen como un fideicomiso para él. Dan para ayudar a los necesitados y para hacer avanzar el Reino de Dios. Solo están obligados a dar según sus posibilidades, de lo que tienen, y la cantidad que dan no es tan importante como su voluntad de darla. Dar se considera una prueba de su amor.[11]

Conclusión

El Señor Dios Todopoderoso ordenó a los israelitas que le dieran en forma de diezmo o el 10 por ciento. Esta era una forma en que debían responder a las muchas bendiciones que Él les había dado. Este diezmo era el punto de partida. Cuando se calculan todos los diezmos que debían dar, el promedio era de alrededor del 23 por ciento anual. Las bendiciones siguieron a su obediencia al mandamiento de Dios. Cuando desobedecían el mandamiento y retenían los diezmos, Dios permitía que el devorador devorara su dinero, sus productos, etc. (Malaquías 3:8-11).

Dar a Dios siempre es voluntario, a diferencia de dar al gobierno en impuestos, que es obligatorio. Cuando damos, estamos dando a Dios, de lo que Él nos ha bendecido. Debemos dar voluntariamente y por fe, creyendo que Dios nos recompensará por nuestra alegre generosidad.

Hoy en día, los cristianos pueden empezar dando el 10 por ciento. Pero el concepto de dar del Nuevo Testamento se enfoca más en nuestra *actitud* al dar que en la cantidad. Debemos dar alegremente, por nuestra propia voluntad, generosamente, sacrificialmente y con propósito, de acuerdo a como Dios nos ha bendecido como individuos. Nunca debemos dar a regañadientes o por necesidad. Veremos estos principios de dar en el Nuevo Testamento en los próximos Capítulos.

Referencias del Capítulo 1

2. Brian Anderson, Old Testament Tithing Vs. New

3. https://pushpay.com/blog/20-bible-verses-about.tithing/

4. Val Boyle https://bible-truths-revealed.com/adv15.html

5. Chris Cree, "2 Ways God Promises to Benefit You for Tithing" https://newcreeations.org/god-promises-benefits-tithing/?https:// blog.kcm.org/tithing-101-the-10-bible-truths-you-need-to-know/? gclid=EAlalQobChMl2rfVfmJ7AlV7Vrx6tBh38ogx7EAMYASAEgL72vD BwE

6. Kenneth Copeland, Tithing 101: The Top 10 Bible Truths You Need to Know, https://blog.kcm.org/tithing-101-the-top-10-bible-truths-you-need-to-know/?

7. http:www.jerrysavelle.org

8. Kenneth Copeland, Tithing 101: The Top 10 Bible Truths You Need to Know,

9. https://blog.kcm.org/tithing-101-the-top-10-bible-truths-you-need-to-know/?

10. Brian Anderson, https://www.thebridgeonline.net/author/brian/

11. https://bible-truths-revealed.com/adv15.html

Capítulo 2

Motivos y Fines del Dar Cristiano

Antes de dar con generosidad y sacrificio, un cristiano necesita tener la motivación y el propósito adecuados. Puesto que todas las cosas que tenemos proceden de Dios, debemos acusar recibo de ellas. Los creyentes deben saber que solo somos mayordomos de lo que supuestamente *poseemos*. John MacArthur lo explicó de esta manera:

Lo primero que aprendimos en esta serie es que Dios no necesita tu dinero. Él ya lo posee todo. Él es autosuficiente y por lo tanto no necesita nada, incluyéndote a ti. El hecho de que Él desee una relación contigo es simplemente la extensión de Su carácter de amor y gracia para tu beneficio. Además, también aprendimos que todo lo que crees que posees pertenece a Dios. Usted es un mayordomo de lo que Dios le ha confiado mientras está aquí en esta tierra. No te llevarás nada de eso contigo cuando mueras. Puesto que eres un mayordomo, entonces eres responsable de lo que tienes y darás cuenta del uso que le diste cuando estés ante Dios.[12]

Dios es el dueño de todos los bienes

David dice: "Del Señor es la tierra y todo cuanto hay en ella, el mundo y cuantos lo habitan;" (Salmo 24:1). En uno de los Salmos de Asaf, el Señor nos dice: "pues míos son todos los animales del bosque, y mío también el ganado de miles de colinas. Conozco a todas las aves de las alturas; también son míos los animales del campo. Si yo tuviera hambre, no te lo diría, pues mío es el mundo y todo lo que en él hay." (Salmo 50:10-12). Solo somos administradores, que cuidamos de todo lo que Dios nos ha dado. Somos responsables de las cosas que Dios nos ha confiado. Dar es una forma natural de expresar nuestro agradecimiento a Dios.

Darnos cuenta de que es más bendito dar que recibir debería motivarnos a dar. No es bueno atacar a la Iglesia por ser una máquina de recaudar dinero a menos que uno esté dispuesto a dar ejemplo de ofrenda libre, voluntaria y generosa.[13]

La naturaleza de Dios y nuestra relación con Él deberían influir en nuestra forma de dar. Juan 3:16 nos informa de que "Porque tanto amó Dios al mundo que dio a su Hijo único, para que todo el que cree en él no se pierda, sino que tenga vida eterna". Dios nos dio el ejemplo perfecto de cómo poner el amor en acción. Él dio por el amor que siente por la humanidad; su amor debería motivarnos a dar también. Dios es amor, así que debemos imitar su amor (1 Juan 3:16-18, 4:10-11). La calidad de nuestra ofrenda, por tanto, puede medirse por los motivos por los que se da y el resultado que se pretende obtener. Pero hay motivos correctos e incorrectos para dar.

Motivos Correctos para Dar Cristianamente

Hay muchos motivos excelentes para dar a Dios porque queremos glorificarlo, porque le pertenecemos, porque hemos recibido mucho de Él, porque nuestro regalo le importa a Dios, y muchos otros. En esta sección, vamos a centrarnos en cinco motivos a los que las Escrituras prestan especial atención.

Imitar a Cristo

Jesús se dio a sí mismo, y un excelente motivo para dar es imitar a Jesús. Aunque Jesús es Dios, se hizo hombre para redimirnos. Es difícil comprender hasta qué punto renunció Jesús. La Biblia dice que "porque por medio de él fueron creadas todas las cosas" (Colosenses 1:16). Cristo fue rico porque hizo todas las cosas, "Ya conocen la gracia de nuestro Señor Jesucristo, quien era rico y por causa de ustedes se hizo pobre, para que mediante su pobreza ustedes llegaran a ser ricos." (2 Corintios

8:9). Veló la Divinidad en la humanidad; cuando se hizo hombre, su poder divino quedó restringido. Se entregó voluntariamente (Juan 10:15, 18) porque el amor, la compasión y el afecto le impulsaron a hacerlo (Filipenses 2:5-11).

El propósito de este acto fue el enriquecimiento del hombre. La humanidad era pobre, estaba perdida, rota y condenada, pero gracias a la pobreza de Cristo, podemos obtener el perdón, la salvación, una vida nueva, la santidad y mucho más. Incluso podemos "participar de la naturaleza divina" (2 Pedro 1:4). Puesto que Cristo hizo tanto por nosotros, deberíamos intentar todo lo que esté en nuestras manos para hacer cosas similares por nuestro prójimo o por nuestra iglesia.[14] El amor de Cristo debería obligarnos a amarle a Él, a su pueblo y a su obra, hasta el punto de utilizar nuestras posesiones para cualquier ministerio al que Él nos haya llamado.

Isaac Watts, al darse cuenta de esta gran obra de Cristo por la humanidad, expresó la idea en su himno «Cuando contemplo la maravillosa cruz»: Mira, desde Su cabeza, Sus manos, Sus pies, El dolor y el amor fluyen mezclados, ¿Alguna vez se encontraron tanto amor y dolor, O una espina compuso una corona tan rica? Si todo el reino de la naturaleza fuera mío, Eso sería un regalo demasiado pequeño, Amor tan asombroso, tan divino, Exige mi alma, mi vida, mi todo.[15]

Brian Anderson, escribiendo sobre la motivación de nuestras ofrendas, lo explicaba así:

Los que creemos en Él hemos heredado grandes riquezas: el perdón, la adopción, la justificación, la morada del Espíritu, la paz con Dios, el acceso a Dios, la santificación y la gloria eterna venidera. Observe que Cristo no sólo dio el diez por ciento de Sus recursos para obtener estos tesoros espirituales para nosotros. ¡Ni siquiera dio el cincuenta por ciento! ¡Él dio el 100 por ciento! Un discípulo naturalmente desea ser como su maestro. Por lo tanto, esforcémonos por emular a nuestro Señor. No nos contentemos con dar una pequeña fracción de nuestros ingresos, sino oremos para que Dios nos permita dar más y más para ayudar a las personas que sufren y expandir el reino de Dios por todo el mundo![16]

Probar la Realidad del Amor

La prueba del amor de uno se expresa a menudo dando. Una persona puede demostrar su amor a Dios dedicándole su vida. Otra puede mostrar amor por la gente ayudando a los que tienen problemas (1 Juan 3:17). Si amamos a la Iglesia y todas sus obras, debemos dar para el bienestar de la Iglesia. Si amamos a nuestro prójimo, debemos dar nuestro tiempo y dinero para aliviar sus problemas. El amor de Dios por la humanidad le obligó a dar a Su Hijo, Jesucristo (Juan 3:16). El amor de Cristo hizo que diera Su vida hasta el punto de morir en la cruz para librarnos de nuestros pecados. Cuando Cristo dijo: "Dad al César lo que es del César y a Dios lo que es de Dios" (Mateo 22:21), mostró que dar a Dios es una prueba tan esencial de amor a Él como el pago de impuestos es una prueba de lealtad al propio Estado o país.

Fue el amor lo que impulsó a los cristianos macedonios a dar con sacrificio a los cristianos que sufrían en Jerusalén, a pesar de sus propias aflicciones y pobreza (2 Corintios 8:1-4). Hattie Bell Allen figuró la idea maravillosamente: El amor de Cristo nos obliga a darlo todo. Piensa en todo lo que Jesús hizo por ti al morir para salvarte;

> ¿no quieres hacer todo lo que puedas para ayudar a todas las personas de todo el mundo a que también le conozcan y se salven como tú?[17]

Dar demuestra nuestro amor de una manera más concluyente que la profundidad del conocimiento, la longitud de las oraciones o la prominencia del servicio.[18] «La gloria de dar está en la calidad del amor, y nunca deja de encontrar algo que otorgar».[19]

Ayuda a Satisfacer las Necesidades de los Demás

Las Escrituras están repletas de exhortaciones a dar materialmente y a ayudar a los necesitados. En el Antiguo Testamento, los israelitas debían compartir lo que tenían con los huérfanos, las viudas y los pobres durante las fiestas (Deuteronomio 16:1-12) y en otras ocasiones (Levítico 19:9-

10). En la época de los apóstoles, la mayoría de la gente era pobre, y la brecha entre ricos y pobres era muy grande. Esto sigue siendo muy cierto en muchas partes del mundo hoy en día, incluida Nigeria. La iglesia de Jerusalén era un ejemplo bien conocido de ayuda a los pobres (Hechos 2:44-45; 4:34-35; 6:1). Más tarde, los cristianos de Antioquía enviaron dinero de socorro a los de Judea: "Entonces decidieron que cada uno de los discípulos, según los recursos de cada cual, enviaría ayuda a los creyentes que vivían en Judea. Así lo hicieron, mandando su ofrenda a los líderes religiosos por medio de Bernabé y de Saulo." (Hechos 11:29-30). Pablo alabó a las iglesias de Macedonia y Acaya por dar a los santos pobres de Jerusalén (Romanos 15:25-27).

Dar a la propia familia es una obligación para todos los cristianos por igual. Como enseña la Biblia, "El que no provee para los suyos, y sobre todo para los de su propia casa, ha negado la fe y es peor que un incrédulo." (1 Timoteo 5:8). Esto es especialmente importante debido al sistema de familia extensa en Nigeria. Allí, tus suegros, primos, sobrinos, hermanos, hermanas y, por supuesto, tu padre y tu madre deben ser atendidos sea cual sea tu situación económica.

Pero en la familia de Dios, también tenemos que atender las necesidades de otros cristianos. El Dr. Charles C. Ryrie llega incluso a decir que "Por lo tanto, siempre que tengamos la oportunidad, hagamos bien a todos y en especial a los de la familia de la fe." (Gálatas 6:10).[20] Los cristianos deben mostrar empatía con las masas que sufren a su alrededor, hasta el punto de dar para aliviar sus problemas. "Es encomiable dar a los refugiados y a los hambrientos de otras tierras, a las víctimas de guerras, terremotos y otras catástrofes, y a los que sufren injusticias en otras tierras, como en África".[21]

Los cristianos deben dar en apoyo de las viudas, los huérfanos y los necesitados. Allen se refirió a este punto con bastante eficacia:

> Tu dinero puede significar mucho para ti, ya que ayudas a sostener a los huérfanos y a los desvalidos y a la labor de los hospitales. Tus donativos significan más cuando piensas que van donde tú no puedes ir y sirven donde tú no puedesservir.[22]

Muchos cristianos conocen la historia de cierto joven rico que se acercó a Jesús para preguntarle qué debía hacer para heredar la vida eterna. Jesús le orientó primero hacia los mandamientos No mates; no cometas adulterio; no robes; no levantes falso testimonio; honra a tu padre y a tu madre. Este joven respondió inmediatamente: "—Maestro —dijo el hombre—, todo eso lo he cumplido desde que era joven." (Marcos 10:20).[23] Jesús lo miró y lo amó, sabiendo que el hombre tenía razón en su afirmación.

"Jesús lo miró con amor y añadió: —Una sola cosa te falta: anda, vende todo lo que tienes y dáselo a los pobres, y tendrás tesoro en el cielo. Luego ven y sígueme." (Marcos 10:21). El hombre se entristeció ante la declaración de Jesús, porque tenía grandes posesiones. Se marchó apenado, pero no volvió a Jesús. "Jesús miró alrededor y comentó a sus discípulos: —¡Qué difícil es para los ricos entrar en el reino de Dios!" (Marcos 10:23). Jesús no estaba condenando el tener dinero, quería mostrar el error de anteponer el dinero a Dios, así como la importancia de ayudar a los necesitados (ver también Mateo 25:37- 40).

Jesús dijo a sus discípulos: "Vendan sus bienes y den a los pobres. Provéanse de bolsas que no se desgasten; acumulen un tesoro inagotable en el cielo, donde no hay ladrón que aceche ni polilla que destruya. Porque donde esté su tesoro, allí estará también su corazón." (Lucas 12:33-34, ver también Efesios 4:28, Santiago 1:27). Este pasaje nos aconseja apoyar a las personas desfavorecidas de nuestro entorno: los huérfanos, las viudas y los necesitados. Debemos dar por amor a los demás y a Jesús. "Cuídense de no hacer sus obras de justicia delante de la gente para llamar la atención. Si actúan así, su Padre que está en el cielo no les dará ninguna recompensa. Por eso, cuando des a los necesitados, no lo anuncies al son de trompeta, como lo hacen los hipócritas en las sinagogas y en las calles para que la gente les rinda homenaje. Les aseguro que ellos ya han recibido toda su recompensa. Más bien, cuando des a los necesitados, que no se entere tu mano izquierda de lo que hace la derecha, para que tu limosna sea en secreto. Así tu Padre, que ve lo que se hace en secreto, te recompensará." (Mateo 6:1-4).

Apoyar a los Ministros y el Evangelio

"Los líderes que dirigen bien los asuntos de la iglesia son dignos de doble honor, especialmente los que dedican sus esfuerzos a la predicación y a la enseñanza. Pues la Escritura dice: "No pongas bozal al buey mientras esté sacando el grano" y "El trabajador tiene derecho a su salario". (1 Timoteo 5:17-18). Muchas personas a las que Dios ha llamado al ministerio se han visto impedidas de formarse en seminarios y escuelas bíblicas por falta de medios económicos. Lo mismo ocurre con otras personas que no tienen el privilegio de asistir a otras instituciones de enseñanza superior o de recibir formación para un oficio. Este problema es muy frecuente en los países africanos y en otros lugares del mundo donde hay que pagar la mayor parte de la educación, desde el jardín de infancia hasta el nivel universitario.

Este descuido de los siervos de Dios también se aplica al pago de los pastores en la iglesia. S. A. Aluko aborda la cuestión muy directamente cuando escribe: "Los cristianos mantenemos nuestros servicios en las iglesias y nos vamos a casa a descansar, dejando solo al clero la tarea de llevar a cabo la administración de la iglesia y la evangelización. No creemos en el sacrificio de tiempo y dinero para la propagación de nuestra fe".[24] Aluko añade más adelante esta mordaz reprimenda:

> La actual (remuneración de) los ministros de religión es tristemente baja. Aleja del ministerio a muchas personas vitales, brillantes y religiosas. Reduce el atractivo y la influencia del cristianismo en nuestra sociedad. La profesión cristiana tiene ahora que competir con las otras profesiones por los mejores hombres de nuestra sociedad, si la Iglesia quiere conservar su posición de preeminencia. Debemos reexaminar nuestra actitud ante este problema y ver que la debida y adecuada formación y remuneración de los obreros de la iglesia está por encima de todo, incluso por encima de nuestros programas educativos eclesiásticos.[25]

La obra de ganar al mundo no puede llevarse a cabo sin un liderazgo capacitado. El "ácaro de la viuda" cristiano puede ayudar a formar estudiantes tanto en nuestros seminarios como en los institutos bíblicos y, de este modo, producir a los que serán nuestros futuros líderes cristianos.

El apoyo de los cristianos ayudaría a enviar pastores y misioneros al interior del mundo para la difusión del Evangelio de Cristo. Los comentarios de Allen sobre este tema son de lo más inspiradores:

> Ayudas a pagar al pastor por sus leales servicios y, al apoyarle, predicas a través de él. Usted ayuda a proveer literatura para todas las organizaciones de la iglesia. Vuestras ofrendas ayudan a mantener el edificio de la iglesia en buenas condiciones, proveen música, iluminación y otras cosas necesarias, contribuyendo así a la adoración, el estudio y la formación.[26]

Charles C. Ryrie, comentando el tema del apoyo a los obreros misioneros, señala: "Incluso a Tesalónica me enviaron ayuda una y otra vez para suplir mis necesidades." (Filipenses 4:16), y Pablo defendió rigurosamente el derecho de los comprometidos en la obra a ser apoyados por otros.[27]

El apóstol Pablo, escribiendo a los corintios, les animaba muy directamente a apoyar económicamente a los obreros cristianos: "Así también el Señor ha ordenado que quienes predican el evangelio vivan de este ministerio". (1 Corintios 9:14). Los cristianos no solo deben dar para apoyar a los pastores, sino también a otros que trabajan para el Señor:

> Como dijo Anderson Aquí tenemos el testimonio de las Escrituras de que Dios aprueba cuando usamos dinero para apoyar a obreros cristianos fieles. Por lo tanto, es importante que el pueblo de Dios utilice sus recursos financieros para apoyar a otros obreros cristianos, ya sean ancianos de una iglesia local, o evangelistas itinerantes, o misioneros.[28]

Para recibir las bendiciones y recompensas de Dios
Dios bendice a sus hijos de varias maneras, tal como lo ha prometido (Malaquías 3:10). El principio de que "Recuerden esto: El que siembra escasamente, escasamente cosechará, y el que siembra en abundancia, en

abundancia cosechará". (2 Corintios 9:6) se confirma tanto en el Nuevo como en el Antiguo Testamento. Cuando Pablo elogió a la iglesia filipina por su generosidad hacia su ministerio, habló de que se les acreditaría más en su cuenta (Filipenses 4:17). Esto implica que Dios dará más bendiciones a los que dan en abundancia. Los dones generosos inspiran en los receptores muchas oraciones e intercesiones a favor del dador: "Además, en las oraciones de ellos por ustedes, expresarán el afecto que les tienen por la sobreabundante gracia que ustedes han recibido de Dios." (2 Corintios 9:14). El dador da su dinero mientras que el receptor da sus oraciones a cambio; tales oraciones pueden mover la mano de Dios para bendiciones que el dinero físico no puede producir.[29] Jesús enseñó que una persona de corazón generoso y dador fiel será recompensada con un trato amable por parte de sus semejantes: "No juzguen y no se les juzgará. No condenen y no se les condenará. Perdonen y se les perdonará. Den y se les dará: se les echará en el regazo una medida llena, apretada, sacudida y desbordante. Porque con la medida con que midan a otros, se les medirá a ustedes". (Lucas 6:37-38).

"El sumo sacerdote Azarías, descendiente de Sadoc, le contestó: «Desde que el pueblo comenzó a traer sus ofrendas al Templo del Señor, hemos tenido suficiente comida y nos ha sobrado mucho, porque el Señor ha bendecido a su pueblo. En esos montones está lo que ha sobrado". (2 Crónicas 31:10). Dios concede a menudo prosperidad material a sus hijos fieles. El secreto de la prosperidad y del éxito que concedió a Josué se basaba únicamente en su dedicación (Josué 1:7-8). La recompensa de dar piadosamente es que Dios te capacitará para dar aún más. Se le dará gracias a Dios. Dios será glorificado gracias a ti. Y la gente orará por usted.

Muchas cosas sucederán cuando los creyentes dan con un motivo correcto. Dios suplirá nuestras necesidades (Filipenses 4:17-19). Las necesidades de los pobres serán satisfechas (Filipenses 4:16, 18; 2 Corintios 8:13-14; 9:12). Dios será agradecido y glorificado (2 Corintios 9:11-13, 15). El cuerpo de Cristo estará unificado en oración y comunión (2 Corintios 9:14). Y la gente pasará la eternidad con Dios gracias a sus ofrendas.[30]

Habiendo tratado con los motivos correctos para dar, es conveniente que reconozcamos también los motivos *equivocados* para dar.

Motivos Erróneos para Dar

Cuando su motivación para dar es torcerle el brazo a Dios o manipularlo para ganar favor a cambio, estás equivocado por tu egoísmo y falta de entendimiento. La observación de Lugt y Smith acerca de *mantener* las intenciones correctas al dar materialmente y recibir bendiciones da en el clavo: «La fidelidad y la generosidad al dar traen recompensas, pero el motivo para dar nunca debe ser el deseo egoísta de un retorno financiero o el sentimiento de que la contribución manipulará a Dios para que haga algo por ti».[31] Nadie puede sobornar a Dios con regalos porque la aceptación del soborno no es consistente con Su naturaleza.

Dar viene del corazón, y tiene que venir de uno agradecido. Cada vez que alguien decide dar regalos para ayudar a la gente, a la iglesia o a las misiones, debe hacerlo con el motivo correcto, no para auto-elevarse o mostrar riqueza. Por ejemplo, Jesús condenó a los fariseos por su arrogancia cuando daban (Mateo 23:23-24).

Hay un dicho que dice que vivir bien produce dar bien, mientras que vivir mal produce dar mal. Muchos personajes de la Biblia sirven de ejemplo de ese principio. ¿Qué pensamos de las ofrendas de Caín y Abel? ¿No fue la mala actitud de codicia la que llevó a Caín a ofrecer una ofrenda inaceptable a Dios? Su hermano Abel dio generosamente de buen corazón. ¿Y Saúl? ¿Acaso no fue Samuel quien condenó sus malas ofrendas? "Samuel respondió: ¿Qué agrada más al Señor: que se le ofrezcan holocaustos y sacrificios o que se obedezca lo que él dice? El obedecer vale más que el sacrificio, y prestar atención, más que la grasa de carneros". (1 Samuel 15:22). ¿Acaso no fueron rechazadas las ofrendas de los malvados israelitas de la época de Isaías? (Isaías 1:13) ¿Y los malos sacerdotes de la época de Oseas (Oseas 6:4-6)? ¿No fueron rechazados los dones malvados de los fariseos? (Mateo 23:23-24) Una respuesta sincera a cada una de estas preguntas debería influenciar a los cristianos a examinar la forma y manera en que él o ella debe dar sus dones.

Exaltarse a Sí Mismo (orgullo)

"A los ricos de este mundo, mándales que no sean arrogantes ni pongan su esperanza en las riquezas, que son tan inseguras, sino en Dios. Él nos provee de todo en abundancia para que lo disfrutemos. Mándales que hagan el bien, que sean ricos en buenas obras, generosos y dispuestos a compartir lo que tienen. De este modo, atesorarán para sí un seguro fundamento para el futuro y obtendrán la vida verdadera". (1 Timoteo 6:17-19)

La exhortación de Pablo a Timoteo para que exhorte a los ricos a *no ser arrogantes* debería estar en el corazón de todo cristiano. Muchas personas hoy en día dan sus dones con el fin de exaltarse a sí mismos, incluso en nuestras iglesias. Anuncian su regalo para que la gente los alabe por dar una cantidad fabulosa. Pasan por alto la advertencia de Cristo en cuanto a tal manera de dar (Mateo 6:1-4).[32] Lugt y Smith ilustran esta actitud no bíblica con este ejemplo moderno: "Un hombre de negocios que da $20 cada semana una vez pensó, 'Más vale que el pastor y los diáconos estén agradecidos de que yo esté aquí para hacer esto. Echarían de menos mi dinero si alguna vez decidiera irme a otra iglesia".[33]

El hecho es que nada de lo que hacemos por Dios tiene valor a Sus ojos a menos que exprese gratitud, amor, fe y el deseo de hacer Su voluntad. Y eso incluye dar. Mientras una persona se enorgullezca de sus habilidades y logros y trate de mejorar su propia reputación mediante sus ofrendas, será un reproche para el Señor. Mientras prevalezca una actitud altanera, nuestro dar, por generoso que parezca, es una abominación a los ojos del Dios Todopoderoso. Como escribió Steven J. Cole, «Si das para ser honrado por los hombres por tu gran generosidad, estás dando por la razón equivocada. Dar debe hacerse en secreto ante Dios» (Mateo 6:1-4).

Para Ganar el Favor de Dios y del Hombre

Otro motivo erróneo es ganar favor. La creencia de que el dinero que los cristianos echan en el plato de las ofrendas les gana el favor de Dios o los obliga con Dios, es muy errónea. Jesús habló de la naturaleza meticulosa de los fariseos en sus ofrendas. Confiaban en sus ofrendas como una forma de ganarse el favor de Dios (Mateo 23:23-24). Asistían a la sinagoga, oraban y diezmaban, pero odiaban y crucificaron al Salvador. Así que el mero servicio externo, ya sea con dinero o cualquier otra forma o ceremonia, no satisface las demandas de Dios.[34] Él quería que fuéramos santos (Mateo 5:20).

Cualquier cristiano que piense que dando dólares y centavos puede ganar el favor de Dios está cometiendo un error. Uno puede tener éxito en ganar el favor del hombre por el dinero que uno da, pero eso no impresiona a Dios. Si damos para ser aplaudidos por los hombres, hemos recibido nuestra debida recompensa aquí en la tierra (Mateo 6:1-4). David dijo una vez: "El sacrificio que te agrada es un espíritu quebrantado; tú, oh Dios, no desprecias al corazón quebrantado y arrepentido". (Salmo 51:17). Steve J. Cole comentó

> El dinero es poder. Algunas personas amenazan con llevarse sus grandes donaciones a otra parte si no haces lo que ellos quieren. Puede que así funcione la política, pero no es así como funciona la iglesia de Dios. Es malo mostrar preferencia a los ricos (Santiago 2:1-9). Es pecado usar su dinero para tratar de comprar influencia espiritual (Hechos 8:9-24).[35]

Dar por Culpa
No debemos dar porque nos sentimos culpables de tener tanta riqueza. Es bueno ser buenos mayordomos de lo que Dios nos ha bendecido. No debemos sentirnos presionados a dar. Hemos recibido libremente, y debemos dar libremente, no por obligación.

Recibir Recompensa a Cambio
El siguiente motivo erróneo para dar es esperar recibir una recompensa a cambio. Entre los que tienen tales motivos, piensan que lo que reciben depende de lo que dan. Piensan que es un trato y que Dios o el hombre están obligados a devolverles; por lo tanto, han dado. El obispo Azarías lo expresó de esta manera: "Han pensado que dar es un trato. Si yo te doy, tú a cambio me darás. Si yo doy a Dios, Él me dará a mí".[36]

Responder a los Trucos

Muchas personas se ven presionadas a dar por televangelistas y televendedores. Algunas de las cosas que dicen incluyen:

> «Por su donación, le enviaré mi último libro». «Los nombres de mis seres queridos figurarán en un libro especial que se colocará en el vestíbulo del nuevo edificio». O lo peor: «Le enviaremos un paño de oración especial, bendecido por el hermano fulano de tal». Todos estos son trucos mundanos, opuestos al dar bíblico.[37]

Es extraño pensar en dar como una inversión y sentir que Dios está obligado a concederte un buen rendimiento. La Biblia nos aconseja dar de manera que no esperemos que las personas a las que hemos dado nos den a cambio (Lucas 6:34-35). Si nuestro dar depende de lo que recibiremos a cambio, no somos mejores que los fariseos. El Dr. Ryrie escribió una vez: «Las bendiciones materiales nunca se prometen hoy como una recompensa automática por la fidelidad en cualquier área de la vida cristiana, incluyendo el dar».[38] Es mejor dar simplemente, sin motivos ulteriores. Esa es la forma en que Dios da a sus hijos, y ese es el modelo que Dios quiere que sigamos (Santiago 1:5, Romanos 12:8). En palabras de Lugt y Smith: «Dar porque crees que te lo van a devolver es como ser bueno con un anciano porque quieres que te incluya en su testamento».[39]

Conclusión

Definitivamente hay motivos correctos e incorrectos para dar cristianamente. Creo firmemente que todas las posesiones de la humanidad provienen de Dios. Todos somos administradores de lo que Dios nos ha dado. Los motivos correctos del dar cristiano incluyen imitar a Cristo al dar. Cristo se dio a sí mismo para redimir a la humanidad de todos nuestros pecados. El objetivo de nuestras limosnas debe ser aliviar los sufrimientos de la gente.

Dar es una prueba de amor (1 Juan 3:16-18). Debe ser para nosotros una forma de imitar a Cristo. Debe demostrar la realidad de nuestro amor. Debe servir para ayudar a los necesitados. Y, por supuesto, debemos apoyar a los ministros, a los misioneros y a las misiones. Cuando damos, abrimos la puerta para recibir nosotros mismos las bendiciones y recompensas de Dios.

Pero el dar que se exalta a sí mismo, que busca ganar el favor de Dios, que trata de impresionar al hombre, o que espera específicamente asegurar una recompensa es muy erróneo y debe ser eliminado.

Ahora que hemos examinado nuestros motivos para dar, estamos listos para considerar los principios y métodos del dar cristiano.

Referencias del Capítulo 2

12. John MacArthur, "Principles of Godly Giving, Pt. 1–2 Corinthians 8 and 9," https:/gracebibleny.org/principles_of_ godly_giving_pt_1_2_corinthians_8_9.

13. R. M. Burke, *Pounds and Pennies* (Ibadan, Nigeria: Daystar Press, 1967), p. 11.

14. H. D. M. Spence, Joseph S. Exell, *The Pulpit Commentary on Corinthians*, Vol. 19 (Grand Rapids, Michigan: Eerdmans Publishing Company, 1962), p. 208.

15. Ira D. Sankey, *Sacred Songs and Solos* (London: Marshall Morgan and Scott, n.d.), p. 115.

16. Brian Anderson, https:/w.thebridgeonline.net/author/brian/

17. Hattie Bell Allen, *Living for Jesus* (Nashville, Tennessee: The Sunday School Board of the Southern Baptist Convention, 1939), p. 81.

18. Dr. Charles Caldwell Ryrie, *Balancing the Christian Life* (Chicago: Moody Press, 1981), p. 84.

19. Spence, p. 201.

20. Dr. Charles Caldwell Ryrie, *What You Should Know About Responsibility* (Chicago: Moody Press, 1982), p. 91.

21. Burke, p. 12.

22. Allen, p. 83.

23. S. A. Aluko, *Christianity and Communism* (Ibadan, Nigeria: Daystar Press, 1964), p. 56.

24. Aluko, p. 56.

25. Aluko, p. 69.

26. Allen, p. 83.

27. Ryrie, *Social Responsibility*, p. 92.

28. Anderson, https://www.thebridgeonline.net/author/brian/

29. V. S. Azariah, *Christian Giving* (New York, New York: World Christian Boks Association Pres, 195), p. 74.

30. https://bible.org/seriespag/lesson-5-giving-god-s-way-selected-scriptures

31. Vander H. Lugt and Carl H. Smith, *As Usher Come Forward. Grand Rapids* (Michigan: Radio Bible, 1976), p. 61

32. Lugt and Smith, p. 19.

33. Ibid, p. 19.

34. John R. Rice, *All About Christian Giving* (Wheaton, Illinois: Sword of the Lord Publishers, 1954), p. 12.

35. https://bible.org/seriespage/lesson-5-giving-god-s-way-selected-scriptures

36. Bishop Azariah, p. 87.

37. https://bible.org/seriespage/lesson-5-giving-god-s-way-selected- scriptures

38. Ryrie, *Christian Life*, p. 88.
39. Lugt and Smith, p. 55.

Capítulo 3

Principios y Métodos de la Donación Cristiana

El tema de la ofrenda cristiana no es una carga pesada para el creyente, como mucha gente piensa; es más bien un tema muy feliz. Dar a Jesucristo, dar para difundir el bendito evangelio, dar a la gente cosas materiales, y dar a aquellos que nos han bendecido con cosas espirituales, es uno de los mayores privilegios y alegrías de un cristiano. Usted verá esto cuando consideremos los principios bíblicos y los métodos de dar.

Los Principios del Dar Cristiano

El dar cristiano es una gracia, un don de Dios, que se hace posible a través de la capacitación del Espíritu Santo. Es una evidencia de la obra de gracia de Dios en los corazones de hombres y mujeres creyentes. Como tal, contrasta con el principio de la ley, que impone dar como un requisito obligatorio. El dar cristiano se caracteriza por los siguientes principios.

Dar con Alegría

Los cristianos macedonios, sometidos a la aflicción y la pobreza, aprendieron la importancia de dar con *alegría desbordante*, tanto al Señor como a sus hermanos y hermanas en el Señor (2 Corintios 8:2). Este debe ser el principio que guíe el dar cristiano. Por tanto, subraya que nunca se debe dar «de mala gana o por obligación» (2 Corintios 9:7). Hay que dar con alegría y generosidad. Debemos compartir con otros menos afortunados que nosotros y dar desinteresadamente sin esperar nada a cambio (Lucas 14:13-14).[40]

Dar a Pesar de la Aflicción

Dar no solo debe ser alegre, sino que debe hacerse a pesar de la aflicción. Y ahora, hermanos y hermanas, queremos que conozcáis la gracia que Dios ha concedido a las iglesias macedonias. En medio de una prueba muy dura, su alegría desbordante y su extrema pobreza brotaron en rica generosidad. Doy testimonio de que dieron todo lo que pudieron, e incluso más allá de sus habilidades. Por su propia cuenta, nos pidieron con insistencia el privilegio de participar en este servicio al pueblo del Señor. Y superaron nuestras expectativas: Se entregaron en primer lugar al Señor, y luego, por voluntad de Dios, también a nosotros. (2 Corintios 8:1-5)

Pablo puso a los cristianos macedonios como ejemplo para los cristianos corintios, con el fin de estimularlos a dar de la manera correcta. La persecución y tribulación causada por los compatriotas no cristianos de los macedonios nunca los detuvo de dar a Dios y a Su ministerio. El cristiano de hoy debe considerar el ejemplo macedonio también y dar como ellos lo hicieron. El Obispo Azarías escribió:

> Si estamos plenamente dedicados a Dios, el hecho de la angustia, la persecución y la aflicción, y la consiguiente vida de constante temor y ansiedad, no interferirán en la relación de nuestros cristianos con Dios, y con el dar.[41]

Dar a Pesar de la Pobreza

Así como la aflicción no era obstáculo para dar, la pobreza tampoco debería serlo. Aunque muchos cristianos del Nuevo Testamento tenían problemas económicos, la pobreza no les impedía dar. Como sucedía entonces, también sucede ahora que «los cristianos que menos tienen para dar, que luchan por llegar a fin de mes, son a menudo los que más nos sorprenden con su entrega sacrificada». Y al mismo tiempo, a menudo son los que tienen abundancia los que son tacaños y rencorosos. El dinero tiende a endurecer el corazón. Seca los pozos de la simpatía en algunas personas.[42]

El mismo Jesús nos mostró que la pobreza no impide dar con sacrificio, cuando citó el ejemplo de la viuda pobre:

> Cuando Jesús levantó la vista, vio a los ricos depositando sus donativos en el tesoro del templo. Vio también a una viuda pobre que echaba dos monedas de cobre. «Les aseguro —dijo— que esta viuda pobre ha echado más que todos los demás. Porque todos ellos dieron sus ofrendas de lo que les sobraba; pero ella, de su pobreza, echó todo lo que tenía para su sustento». (Lucas 21:1-4)

A continuación se cita la exhortación de Brian Anderson a los pobres:

> Además, los que tienen no deben sentirse culpables si no pueden dar el diez por ciento de sus ingresos. Es cierto que Dios honrará y bendecirá al hombre que da con sacrificio. Pero hay que dar a los creyentes la libertad de dar lo que se hayan propuesto en su corazón, sin temor a que los demás les juzguen.[43]

El hecho de que la pobreza no sea un obstáculo para dar con generosidad nos lleva directamente al siguiente principio: cada uno debe dar según su habilidad.

Dar Según la Capacidad de Cada Uno

En la Iglesia macedonia se daba según la habilidad individual de cada uno. No se estipulaba una cantidad como en el Antiguo Testamento, que ordenaba el 23 por ciento de los ingresos. Un cristiano debe dar de acuerdo a como el Señor lo ha prosperado: «El primer día de la semana, cada uno de ustedes aparte y guarde algún dinero conforme a sus ingresos, para que no se tengan que hacer colectas cuando yo vaya». (1 Corintios 16:2). El Sr. A no debe esperar a que el Sr. B dé, antes de dar su donativo. No debe comparar su donativo con el de la otra persona; debe dar al Señor según lo que él mismo pueda dar. El mal ejemplo de Ananías y Safira al dar (Hechos 5:1-11) no debe copiarse, sino que debe mantenerse el de la viuda pobre. El regalo de la viuda fue elogiado por el corazón con el que dio y por la forma en que dio todo lo que tenía. Incluso dio más de lo que podía. Nótese cómo Jesús se preocupó por el corazón que dio y el sacrificio que hizo y no por la cantidad. "Nuestro dar debe medirse por lo que tenemos. La responsabilidad de un hombre de contribuir no se mide por la habilidad de otro para dar, sino por la suya propia".[44]

Dar de Uno Mismo

La liberalidad surge de la entrega de nosotros mismos al Señor, de modo que todo lo que tenemos, incluido nuestro dinero, está a disposición de Dios. Los cristianos macedonios no solo daban su dinero, sino *también a sí mismos* (2 Cor 8,5). La mayoría de los cristianos han dado mucho de sí mismos al Señor. Pero han fallado en el aspecto monetario. "La tacañería ante las necesidades humanas es el sistema de una vida incompletamente entregada".[45] Fue el problema de la avaricia que Jesús vio en los fariseos lo que motivó su mandato de *"Más bien, busquen primeramente el reino de Dios y su justicia, entonces todas estas cosas les serán añadidas".* (Mateo 6:33, véase también 5:20, 6:24-32; Lucas 16:14).

Fui profesor a tiempo completo hasta 2001. Pero debido a nuestro ministerio, mi esposa y yo decidimos que debía convertirme en maestro suplente para poder tener más tiempo para ir al campo misionero y pasar el mayor tiempo posible en el ministerio. En otras palabras, me convertí en un fabricante de tiendas, utilizando el trabajo secular para apoyar mi participación en el ministerio como lo hizo el apóstol Pablo. Mi esposa también era profesora a tiempo completo, pero tuvo que jubilarse anticipadamente en 2011 para poder dedicar más tiempo al ministerio.

No hay cantidad de dinero o tiempo invertido en la obra de Dios que sea demasiado para dar. Francis R. Havergal, que escribió el himno «Toma mi vida y déjala ser» comprendió la esencia de la entrega:

Toma mi voz y déjame cantar Siempre, solo, para mi Rey; Toma mis labios, y que se llenen de mensajes para ti. Toma mi plata y mi oro, No retengo ni una pizca.

Toma mi intelecto, y usa cada poder como quieras. Toma mi amor: mi Señor, derramo a tus pies su tesoro. Tómame a mí, y seré siempre, solo, todo para Ti.

Un hábito exitoso de dar surge de una vida dedicada y rendida a Dios. "Verás, lo que realmente agrada a Dios siempre en este asunto de dar es que la gente se dé a sí misma, su amor, su devoción, su confianza, su servicio y todo lo que tiene".[46] La página web de Enfoque a la Familia nos anima a "entregar tus citas y planes a Dios a primera hora de cada día. Pídele que te muestre cómo quiere que utilices tu tiempo, tus talentos y tus recursos, y dale permiso para interrumpir tu agenda".[47]

Dar con Entusiasmo, Pide la Oportunidad de Dar

Los cristianos macedonios llegaron incluso a suplicar una oportunidad para dar; lo mismo deberíamos hacer nosotros (2 Corintios 8:4). No fue otra cosa que el amor lo que les obligó a suplicar la oportunidad de dar su céntimo de viuda para aliviar el sufrimiento de los santos de Jerusalén. Evidentemente, el ejemplo de la Iglesia primitiva (Hechos 2:44-45, 4:32-35) estaba muy presente en las mentes de los macedonios; de ahí que creyeran en compartir lo que tenían con los necesitados. Sin duda eran conscientes de la afirmación de Cristo de que "Hay más dicha en dar que en recibir"(Hch 20:35).

Pero a los cristianos de hoy en día les resulta difícil pedir una oportunidad para dar. Esto se debe al deseo de adquirir tanta riqueza como los incrédulos que nos rodean. Es la opinión de este escritor que los creyentes de hoy, como los macedonios de antaño, deberían buscar oportunidades para expresar su amor cristiano a través del dar. "Dar para ellos era un privilegio, una ganancia, no una pérdida".[48]

Dar por Propia Voluntad

Dar sin ser obligado es mucho mejor que dar habiendo sido forzado. Cuando los hijos de Israel dieron en el desierto para la construcción del tabernáculo, lo hicieron voluntariamente. La gente dio tanto o tan poco como quisieron, y dieron más de lo que se necesitaba. Moisés tuvo que ordenarles que no trajeran más regalos para la obra que tenían entre manos (Éxodo 35:4-9, 36:5-7).

El dar no debe ser por obligación, porque si lo es, no habrá gozo en tal dar. Algunas iglesias usan técnicas que no son bíblicas para presionar a los miembros a dar: recaudaciones de fondos de alta presión, cuotas, comprobación de talones de pago, evaluaciones, gravámenes de cosecha y construcción, cuotas de clases, bazares, Colecta Misionera Anual (CMA), y otros métodos. Algunos de estos métodos son occidentales, otros africanos, pero todos son contrarios al principio bíblico de dar "Cada uno debe dar según lo que haya decidido en su corazón" (2 Corintios 9:7). Hay que enseñar a la gente cómo y por qué debe dar. Las necesidades de la iglesia y de los individuos en la congregación deben ser dadas a conocer a los miembros. Se les debe permitir dar por decisión propia, voluntaria y voluntariamente.[49] Los pasajes del Nuevo Testamento sobre dar según la propia decisión incluyen 2 Corintios 8:3-4, 9, 9:7; 1 Timoteo 6:18-19.

La máxima de John Wesley de «gana todo lo que puedas, ahorra todo lo que puedas y da todo lo que puedas» debería ser un desafío para todo cristiano.[50] Anderson señala que el modelo bíblico de dar según la propia decisión se remonta a la época anterior a Moisés: «Este dar voluntariamente es exactamente lo que Abraham y Jacob hacían antes de la institución de la ley, y es lo que todos los cristianos deben hacer hoy. Los creyentes de hoy son libres de dar la cantidad que elijan dar». Este tipo de dar muestra nuestra diligencia al mandato de Dios. Rice escribió:

> Cuán bendito es cuando el pueblo cristiano, no porque el predicador se preocupe, no por las súplicas misioneras, sino porque en sus propios corazones amorosos anhelan dar, disfrutan dando, y con su propia devoción y celo santos traen sus dones.[51]

Los creyentes deben dar porque se les ha dado todo lo que poseen. No debe haber ninguna comparación de su don con lo que otras personas han dado a Dios. Para decirlo de otra manera, no compitan con la gente en su dar. Steve Diggs escribió:

> El dar de cada cristiano es una experiencia muy personal, basada en su habilidad financiera. Desde los primeros días, Dios ha

tenido en cuenta la disparidad financiera entre su pueblo. En el Antiguo Testamento, los judíos más pudientes debían traer un cordero para el sacrificio, mientras que a los seguidores más pobres se les permitía traer palomas y pichones más baratos.[52]

Dar con Generosidad

Una cosa es dar de uno mismo y otra dar generosamente. La generosidad de los primeros cristianos bajo la compulsión del amor superó con creces todo lo conocido entre el pueblo judío bajo la compulsión de la ley. El relato de Lucas en los Hechos de los Apóstoles muestra que tenían todas las cosas en común, vendían sus posesiones y bienes, y los repartían según la necesidad de cada uno (Hch 2,44-45; 4,32-35).[53] El ejemplo de Bernabé es digno de mención especial en este aspecto de la generosidad (Hch 4,36-37).

Dar no será generoso, espontáneo y alegre hasta que no se considere no como un deber sino como un privilegio. Esto solo puede suceder cuando nos preocupamos más por las necesidades de los demás que por nuestras propias necesidades y deseos. Esta preocupación es el fruto más destacado del espíritu cristiano. Charles C. Ryrie, en su Biblia de estudio, afirma que «Dios proveerá al dador generoso con lo suficiente para cubrir sus propias necesidades y lo suficiente para dar por cada buena obra».[54]

El gran pasaje sobre el dar en 2 Corintios 8-9 compara el dar con el acto de sembrar semillas. «Recuerden esto: El que siembra escasamente, escasamente cosechará, y el que siembra en abundancia, en abundancia cosechará» (2 Corintios 9:6). Del mismo modo, el cristiano que da poco al Señor cosechará a su vez una escasa bendición, mientras que el que da generosamente cosechará generosamente.

Es mejor hacer tesoro en el cielo que en la tierra (Mateo 6:19-21). El cristiano podría hacer esto efectivamente invirtiendo su tesoro en ganar y nutrir almas eternas, ya sea apoyando a la iglesia o dando a individuos que están en necesidad. Oswald Smith explica el principio de esta manera:

Das a Dios en días de prosperidad y Dios te dará en días de depresión. Si no le das a Dios en los días de prosperidad, Dios no te dará en los días de depresión. Si das fielmente a Dios, nunca te encontrarás en la miseria.[55]

Dar con Alegría

La exhortación de Pablo a los cristianos de Corinto sobre dar con alegría es un gran consejo para todos los cristianos: «Cada uno debe dar según lo que haya decidido en su corazón, no de mala gana ni por obligación, porque Dios ama al que da con alegría» (2 Corintios 9:7). La idea de dar alegremente podría explicarse como dar para animar a los necesitados y hacerlo con una expresión de alegría en el rostro y en el corazón.

En muchos países del mundo, en particular en los llamados países del tercer mundo, las iglesias emplean impuestos como forma de tomar dinero de sus miembros. Pero si una iglesia obliga a la gente a dar, no lo harán alegremente.

Los que dan con alegría son objeto del amor de Dios. A Dios no le interesan nuestros dones si los damos a regañadientes. A pesar de tu pobreza, da alegremente como el Señor te ha prosperado, como la viuda pobre de Marcos 12 dio al Señor, y fue alabada.[56]
"Dar debe verse como un gran privilegio, no como una pesada carga o un deber intrépido. Dios no quiere que su pueblo dé por obligación, sino desde una actitud de alegría y gozo".[57]

Dar con Regularidad

Las instrucciones de Pablo a los cristianos de Corinto incluyen apartar dinero cada semana para dar a la obra del Señor: "El primer día de la semana, cada uno de ustedes aparte y guarde algún dinero conforme a sus ingresos, para que no se tengan que hacer colectas cuando yo vaya" (1 Cor 16:2). La regularidad es obvia en la frase: «El primer día de cada semana». Esto significaba que el acto de dar sería continuo.
En su asamblea o comunión de cada domingo, la iglesia primitiva practicaba cinco cosas principales: adoración, instrucción, comunión, evangelización y servicio (esposas). El servicio incluía compartir sus posesiones unos con otros. El relato de Hechos 2:42-47 describe

explícitamente cómo dar cosas materiales para satisfacer las necesidades de los demás formaba parte de la vida de culto de los primeros cristianos.

El mandamiento de Pablo relativo al *"primer día de cada semana"* se refleja en la práctica común hoy en día de incluir un tiempo para dar en el culto dominical. Charles Ryrie, comentando esto, llega incluso a decir que «el día del Señor es el día señalado por Dios para llevar las cuentas, determinar las proporciones y hacer acopio».[58]

Es un mandamiento de Dios dar, y se nos anima a hacerlo regularmente. Como dijo Allen, «Cada domingo trae tu propia ofrenda, tanto como puedas, a la casa del Señor con alegría en tu corazón».[59]

Dar Proporcionalmente

Se espera que los cristianos no solo den regularmente, sino que también den proporcionalmente. Jesús da la idea general cuando dice que "En cambio, el que no la conoce y hace algo que merezca castigo recibirá pocos golpes. A todo el que se le ha dado mucho se le exigirá mucho; y al que se le ha confiado mucho se le pedirá aún más" (Lucas 12:48). Este principio se aplica a muchos aspectos de la vida cristiana, pero el siguiente pasaje lo aplica específicamente a nuestras limosnas: "El primer día de la semana, cada uno de ustedes aparte y guarde algún dinero conforme a sus ingresos, para que no se tengan que hacer colectas cuando yo vaya." (1 Corintios 16:2).

¿Qué se entiende por dar proporcionalmente? Si un cristiano gana unos 300 dólares a la semana, su ofrenda se centraría en torno a esos ingresos, mientras que si otro gana unos 1.000 dólares a la semana, lo normal sería que la segunda persona diera más que la primera, en proporción a sus ingresos. Es decir, si uno recibe más, da más; si recibe menos, da menos. Pero acuérdate de los macedonios, que dieron por encima de sus posibilidades (2 Cor 8,3).[60]

Dar con Sacrificio

"Sacrificio significa renunciar a algo de gran valor para uno mismo por un propósito especial, o para beneficiar a alguien más".[61] La Biblia elogia la entrega cristiana que es sacrificada.

La viuda pobre de Lucas 21:1-4, que dio todo lo que tenía, es un buen ejemplo de sacrificio. No es la cantidad que dio lo que le ganó la reputación de dar más que los que dieron sus regalos ese día. Es la cantidad que dejó después de dar, y el corazón con el que dio, lo que la ha inmortalizado. Muchas personas hoy en día que expresan su dar como el ácaro de la viuda, lo hacen erróneamente. Digamos que un hombre tiene $1,000, y dio $10 en un plato de ofrendas. Lo que queda son $990. Esta cantidad que fue dada no es proporcional al resto y no puede ser llamada una ofrenda de sacrificio. Será sacrificial cuando sea proporcional al resto, o más allá de lo que es proporcional.

Dar con sacrificio no significa dar todo lo que tenemos, sino darnos a nosotros mismos, dar de corazón y dar incluso más de lo que normalmente se espera que demos. Dar con sacrificio debe llevarnos a una vida frugal para apoyar la obra del Reino de Dios.
"Lo que quiero decir, hermanos, es que nos queda poco tiempo. De aquí en adelante los que tienen esposa deben vivir como si no la tuvieran; los que lloran, como si no lloraran; los que se alegran, como si no se alegraran; los que compran algo, como si no lo poseyeran; los que disfrutan de las cosas de este mundo, como si no disfrutaran de ellas; porque este mundo, en su forma actual, está por desaparecer."
Porque este mundo, en su forma actual, pasa. (1 Corintios 7:29-31)

Anderson nos lanza un desafío en este sentido:

> ¿Puedes decir que tu forma de dar se caracteriza por un espíritu de sacrificio? ¿Realmente te cuesta algo dar? Lo importante no es cuánto damos, sino cuánto nos quedamos después de haber dado. Que nuestro Dios grande y glorioso nos permita practicar un estilo de vida alegre y sacrificado.

Dar debe ser sacrificado y debe ser practicado por cada cristiano. Los comentarios de Soroki sobre dar con sacrificio son un buen motivo de reflexión para todos nosotros:

> Debemos dar con sacrificio según nos sintamos guiados por Dios y permitirle que utilice nuestras ofrendas para producir

una gran cosecha en las vidas de los demás y en su Iglesia. El modelo de dar cristiano no consiste en marcar casillas y cumplir obligaciones. Es un estilo de vida diario de bondad y generosidad que fluye del Espíritu que mora en nosotros.[62]

Dar es un Requisito para Todo Cristiano

Pablo, en 1 Corintios 16:2, ordena que "El primer día de la semana, cada uno de ustedes aparte y guarde algún dinero conforme a sus ingresos, para que no se tengan que hacer colectas cuando yo vaya". Esto sugiere que es deber de todo cristiano apartar una cantidad. No dice que algunos cristianos aparten sus donativos. Por lo tanto, es obligación de todo cristiano dar sin importar su situación económica.

Si eres pobre, debes dar con sacrificio, según el ejemplo de los cristianos macedonios. Si eres acomodado, debes dar según la proporción de tus ingresos, teniendo en cuenta que es más bienaventurado dar que recibir (Hechos 20:35). Como dice Ryrie:

La gracia no hace que dar sea opcional; es el privilegio y la responsabilidad de todo cristiano, y es la manifestación concreta de su amor a Dios. Dar es un asunto personal en el que cada creyente sostiene una responsabilidad directa e individual ante el Señor como si fuera el solo cristiano en el mundo.[63]

Steven J. Cole, apoyando la opinión de que todo cristiano debe dar, añade lo siguiente:

Dar es para los creyentes, y debe ser hecho por todos los creyentes. Tanto los cristianos pobres como los ricos deben dar al Señor (2 Corintios 8:2, Lucas 21:1-4). Esa es una de las razones por las que es malo estar endeudado, porque no eres libre de dar generosamente cuando debes a tus acreedores. Pero aunque no puedas dar mucho, no estás exento de dar. Aquellos que son apoyados en el ministerio cristiano tampoco están exentos. De hecho, deberían dar ejemplo (Hechos 20:35).[64]

Se ha vuelto esencial enfatizar las instrucciones del Nuevo Testamento sobre dar a los cristianos de hoy en día. Los malentendidos acerca de dar han venido de malos ejemplos y malas enseñanzas, incluyendo el énfasis puesto en el sistema de diezmar del Antiguo Testamento en vez del método de dar del Nuevo Testamento. Pero como dijo Ryrie: «La obra del Señor nunca carecerá de apoyo si predicamos y practicamos los principios neotestamentarios de dar».[65] La página web de Enfoque a la Familia ofrece un excelente resumen de cómo un cristiano debe enfocar las finanzas y el dar:

> ¿Cómo es un buen administrador? Sugeriríamos que hay cinco indicadores clave de la fidelidad con la que lleva a cabo sus responsabilidades. Primero, da generosamente en proporción al nivel de sus recursos y habilidades (2 Corintios 8:12). Segundo, ejerce el autocontrol manteniendo un estilo de vida libre de deudas (Romanos 13:8, Gálatas 5:23). En tercer lugar, paga sus impuestos con integridad y una actitud de agradecimiento (Mateo 22:21, Romanos 13:7). En cuarto lugar, establece objetivos financieros teniendo en cuenta las necesidades de la familia y los seres queridos (1 Timoteo 5:8). Y quinto, busca el consejo de asesores sabios y rinde cuentas a los demás en todos sus asuntos financieros (Proverbios 15:22).[66]

Los Métodos de la Donación Cristiana

Una vez tratados los principios que deben guiar nuestras ofrendas, es conveniente que consideremos algunos de los métodos que utilizamos los cristianos al dar nuestras ofrendas.

El Nuevo Testamento ordena dar de nuestros recursos, y da varios principios a seguir cuando damos. Sin embargo, a cada creyente se le da libertad en cuanto a cómo él o ella da, y qué método de dar debe ser empleado. El Antiguo Testamento está lleno de formas prácticas de dar a Dios, la mayoría de las cuales parecen ser obligatorias. Entre ellas están la ofrenda de grano, el holocausto, la ofrenda de paz, la ofrenda por el pecado, la ofrenda por la culpa, la primera cosecha, la décima parte de los ingresos para los levitas, la décima parte para la recolección de los frutos y la décima parte para los pobres, por nombrar sólo algunas (Levítico

1-5, 23:22; Malaquías 3:6-12; 2 Reyes 4:42-44; Deuteronomio 14:28-29). Hay muchos métodos diferentes que los cristianos de hoy utilizan para dar, pero no importa el método, el cristiano siempre debe dar por amor y no por obligación. En toda la Biblia se denuncian la tacañería, la codicia y la avaricia, y se ensalzan la generosidad, la hospitalidad y el amor. Estos principios deben tenerse siempre presentes, sea cual sea el método.

Mediante Promesas

La promesa es uno de los métodos por los que los creyentes de hoy dan al Señor. Consiste en prometer a Dios que se dará cierta cantidad para la obra del Evangelio. Cuando uno ha prometido, ahora es una especie de obligación para el que promete cumplir esa promesa. En caso de incumplimiento, las autoridades eclesiásticas pueden ayudar al donante a recordárselo.

Aunque no hay ejemplos claros de promesas en el Nuevo Testamento, los cristianos son libres de utilizar este método y, como veremos, puede haber algunas razones prácticas para hacerlo. Si es el caso, hay que tener cuidado antes de prometer, para no convertirse en deudor cuando no se cumple la promesa.

El compromiso puede consistir en separar una cierta cantidad cada día, semana, mes o año para la obra del Señor. La cantidad entregada debe ser proporcional a los ingresos de cada uno y también algo digno del dador y del amor del dador por el Maestro. Debe ser apropiada a los sacrificios que hacen los que dirigen el ministerio específico. El que se compromete debe tener presente que las bendiciones espirituales que provienen de ser generoso en la obra de Dios son mucho más valiosas que la ganancia financiera que se obtiene al negarse a dar.

Hay varias maneras prácticas en que las promesas pueden beneficiar a una iglesia o ministerio:

1. *Prometer fortalece la identidad.* A cada persona de la congregación se le entrega una tarjeta de promesa por su promesa, independientemente de la cantidad. Esto demuestra solidaridad con la familia de creyentes.

La Iglesia Bautista John Creek figura, "Una tarjeta de compromiso dice: 'Creemos en lo que estamos haciendo como una iglesia y en lo que nos estamos convirtiendo juntos en Cristo. Una tarjeta de promesa dice: 'Sí. Estamos dentro".[67]

2. *Comprometerse permite rendir cuentas.* Cuando alguien se compromete, crea para sí mismo un método de rendición de cuentas. Cuando te comprometes, das poder a tu iglesia para que te dé poder a ti.

3. *Las promesas fortalecen el presupuesto del ministerio.* El presupuesto de la iglesia mejora el plan de financiación de la iglesia. A través de la oración, los ministros, diáconos, comité de mayordomía, tesoreros y otros líderes desarrollan el presupuesto de la iglesia del que ésta depende cada año. Las promesas dadas por adelantado les ayudan a planificar eficazmente. La Iglesia Bautista John Creek lo explica con más detalle:

Nuestro tesorero nos proporciona un análisis inteligente de las tendencias semana a semana, mes a mes y año a año. Pero una herramienta vital utilizada es el número total de promesas presentadas por una membresía fiel y constante. Cuando usted se compromete, ayuda a nuestros dirigentes a discernir responsablemente la viabilidad de la financiación de las iniciativas ministeriales previstas.[68]

La Rev. Lisa G. Fischbeck, vicaria en Chapel Hill, North Carolina, comenta el tema de las promesas en la página web del Episcopal Café:

El compromiso tiene poco que ver con la corresponsabilidad. Más bien tiene que ver con el compromiso y la planificación presupuestaria. Comprometerse con una determinada organización es comprometerse a apoyarla. Cuando la gente es capaz de estimar sus donaciones con antelación y comprometerse a una cantidad concreta, los dirigentes de la iglesia pueden determinar un presupuesto para el año y establecer ciertos compromisos y expectativas.[69]

Los creyentes pueden ayudar mucho a sus iglesias y a las distintas organizaciones a las que apoyan comprometiéndose y cumpliendo sus promesas.

Mediante la Limosna

Además de las promesas, tenemos la limosna como otro método de dar. "Dar limosna significa dar con benevolencia: dinero o regalos para socorrer a los pobres".[70] La mayoría de las religiones fomentan la limosna por diferentes motivos:

> "El musulmán da dinero a un mendigo para seguir las enseñanzas del profeta y ganar méritos. Otras religiones animan a la gente a deshacerse de tantas posesiones como sea posible para liberarse del mal mundano. A los judíos se les dice que regalen dinero como acto de obediencia a Dios, Creador de todo y dador de todos los buenos dones. Los cristianos también dan limosna como un acto de obediencia a Dios... El verdadero cristiano, tanto si da a su iglesia como a otras personas, da su dinero como un signo externo y visible de que da su amor".[71]
>
> El sitio web Compelling Truth ofrece algunos antecedentes del Antiguo Testamento sobre la limosna: "En la Biblia y en el cristianismo histórico, la limosna era el acto de satisfacer una necesidad material de alguien menos afortunado, normalmente dando dinero. Dios incorporó el concepto de limosna a la Ley mosaica cuando ordenó a los propietarios de tierras que dejaran para los pobres los rincones de los campos (Levítico 19:9-10)".[72]
>
> La tierra debía dejarse en barbecho cada séptimo año (Éxodo 23:11), y las espigas de la cosecha debían dejarse para los pobres del campo y la viña (Levítico 23:22, Rut 2:2-8).

Negarse a dar limosna a los pobres acarreaba un castigo (Proverbios 21:13), por lo que dar limosna es esencial para todos los creyentes. Jesús enseñó que los cristianos deben dar limosna en el Sermón de la Montaña (Mateo 6:1-4) y en su predicción del juicio a los gentiles (Mateo 25:31-36, 42-45).

Por Acción de Gracias

La acción de gracias es otra forma de expresar nuestro agradecimiento a Dios y a los hombres. Muestra la gratitud y el aprecio de nuestro corazón por lo que hemos recibido. Los Salmos nos animan a dar gracias a Dios en muchísimos pasajes: «Dadle gracias y alabad su nombre» (Salmo 100:4). De hecho, ¡hay salmos enteros dedicados a dar gracias a Dios! Por ejemplo, David da gracias a Dios con longitud en el maravilloso Salmo 103. Debemos seguir su ejemplo de agradecimiento. Debemos seguir su ejemplo de agradecimiento.

Muchas personas han sobrevivido a enfermedades y por ello han alabado a Dios dándole dinero o algo de valor por lo que ha hecho. Otros han recibido dones del vientre y también han alabado a Dios a través de sus ofrendas. De muchas maneras, Dios ha bendecido a la humanidad, y la humanidad ha visto la necesidad de dar gracias a Dios. El ejemplo de uno de los diez leprosos sanados por Jesús en Lucas 17:11-19 nos es muy familiar. Él fue elogiado por Cristo por darle gracias, mientras que los otros nueve no fueron elogiados porque no volvieron a dar gracias. Y la expresión de nuestro agradecimiento en la alabanza a menudo atrae más bendiciones. Por eso los igbo de Nigeria decían: «Si das las gracias a alguien por lo bueno que ha hecho, se sentirá motivado para hacer más la próxima vez».

Dar Anónimamente

"Cuídense de no hacer sus obras de justicia delante de la gente para llamar la atención. Si actúan así, su Padre que está en el cielo no les dará ninguna recompensa. Por eso, cuando des a los necesitados, no lo anuncies al son de trompeta, como lo hacen los hipócritas en las sinagogas y en las calles para que la gente les rinda homenaje. Les aseguro que ellos ya han recibido toda su recompensa. Más bien, cuando des a los necesitados, que no se entere tu mano izquierda de lo que hace la derecha, para que tu limosna sea en secreto. Así tu Padre, que ve lo que se hace en secreto, te recompensará". (Mateo 6:1-4)

Jesús nos anima a dar en secreto para que Dios nos recompense abiertamente. Esto protegerá al dador de haber sido espiritualmente orgulloso de lo que ha hecho. Anderson escribió, «Este tipo de dar es preferible ya que protege al dador del orgullo espiritual. Al dar directamente a alguien, debemos buscar la manera de satisfacer una necesidad sin que el beneficiario sepa quién dio el dinero».

Dando con Expectación

Los creyentes deben dar esperando bendiciones del Señor. Cuanto más generosamente demos, más nos bendecirá el Señor. Si damos poco, recibiremos poco a cambio. Lo que la Biblia dice es verdad: "Recuerden esto: El que siembra escasamente, escasamente cosechará, y el que siembra en abundancia, en abundancia cosechará" (2 Corintios 9:6). Anderson ilustra este principio de la manera más memorable:

> Cuando alguien siembra esparciendo la semilla con la mano abierta, parece que está tirando el grano bueno. Si apretara la semilla en su puño, o solo echara una semilla o dos, habría una cosecha muy pequeña. Lo mismo ocurre con el dar cristiano. Si no damos nada o muy poco, podemos esperar muy poca bendición. Pero si damos con mano abierta y generosa, esperamos cosechar abundantemente.[73]

¿Diezmando?

Habiendo considerado los métodos de dar del Nuevo Testamento, uno podría hacerse dos preguntas: ¿Deben los cristianos pagar el diezmo, y deben todas las ofrendas hacerse a través de la Iglesia?

El diezmo era simplemente un porcentaje mínimo fijado por Dios para el pueblo judío. El diezmo no era de ninguna manera el ideal de dar, incluso en los días del Antiguo Testamento. Había todo tipo de ofrendas dadas a Dios por el pueblo de Israel además del diezmo: la ofrenda de cereal, el holocausto, la ofrenda voluntaria, etcétera. Para los israelitas, el diezmo también expresaba gratitud, pues les recordaba que las bendiciones materiales procedían de Dios (Levítico 1:2, 22:17-18; Éxodo 35:5-21).

Pero la palabra diezmo solo se encuentra en el Nuevo Testamento ocho veces (Mateo 23:23; Lucas 11:42, 18:22; Hebreos 7:5-6, 8-9), según Ryrie. En las referencias de los Evangelios, se utiliza en relación con lo que hacían los fariseos en cumplimiento de su obligación con la ley mosaica. Las referencias en Hebreos usan el diezmo para probar la inferioridad del sacerdocio Levítico al sacerdocio de Melquisedec. Así que tener el diezmo como una práctica obligatoria para los creyentes de hoy no tiene apoyo sólido en el Nuevo Testamento.[74] Lugt y Smith figuraron esto muy fuertemente:

> Nadie debe predicar el diezmo como la norma bíblica para la cantidad que debemos dar. En ninguna parte tanto del Antiguo Testamento como del Nuevo Testamento es una décima parte la cantidad exacta que Dios espera.[75]

El dar de un verdadero cristiano debe ser por propia voluntad, a pesar de las aflicciones y la pobreza, por gozo, abundante, regular, proporcionado, sacrificado y practicado por todos. El dar no será generoso, espontáneo y alegre hasta que no se considere no como un deber, sino como un privilegio. Esto solo puede ocurrir cuando nos preocupamos más por las necesidades de la Iglesia y de los demás que por las nuestras propias. Esta ofrenda debe hacerse de diferentes maneras, mediante promesas, limosnas y acciones de gracias. Nuestro Señor nos enseñó: "Hay más dicha en dar que en recibir" (Hechos 20:35).

La Escritura enseña que los cristianos deben dar en proporción a sus ingresos (1 Corintios 16:2). Esto debe hacerse de acuerdo con el corazón, el amor y el propósito de cada uno. Los cristianos deben darse cuenta de que el diezmo no es obligatorio en el Nuevo Testamento. Pero los principios para el dar cristiano son similares a las directivas del Antiguo Testamento. Nuestras ofrendas deben provenir de corazones agradecidos, expresar adoración, beneficiar a aquellos que nos ministran espiritualmente y ayudar a los necesitados.[76]

¿Dar Solo a la Iglesia Local?
Ya sea el diezmo o las ofrendas, ¿debería uno dar solo a su iglesia local? Esta pregunta puede ser respondida por la gente de diferentes maneras. Tenemos la responsabilidad de apoyar a los líderes que nos ministran espiritualmente en nuestras iglesias. Al mismo tiempo, al igual que nuestras obligaciones de servicio no se limitan a nuestra comunidad eclesial local, deberíamos considerar el apoyo a quienes , fuera de la iglesia local, nos ministran espiritualmente y ayudan a cubrir necesidades

en otros lugares. El apoyo de los filipenses a Pablo mientras ministraba en Corinto permite dar a ministros que no forman parte de la iglesia local (2 Corintios 11:9; Filipenses 4:15). Y hay un claro precedente en el Nuevo Testamento de dar para necesidades fuera de la iglesia local en las colectas de Pablo para los pobres en Jerusalén. (Romanos 15:25-27 es uno de varios pasajes.) La cantidad dada podía ser parte del diezmo o de las ofrendas: puesto que el cristiano debía dar cuenta del dinero confiado a su cuidado, era responsable de decidir dónde dar mejor (1 Corintios 4:2, Mateo 25:1-46, Lucas 19:11-27).

Lo que Motiva a los Donantes

Hay muchas cosas que motivan a los donantes a apoyar a organizaciones sin ánimo de lucro, benéficas o religiosas. Toda organización sin ánimo de lucro o iglesia debe dar pruebas de responsabilidad y administración de los fondos que Dios ha confiado a su cuidado. En Estados Unidos, esto es un requisito legal, pero los ministerios responsables de otros países también deberían hacerlo, tanto si se les exige como si no. La rendición de cuentas y la información detallada animan a los posibles contribuyentes a empezar a apoyar a su organización. He aquí otros elementos que motivan a los donantes:

1. *Comparten tu misión.* Cuando la misión de cualquier organización está bien figurada y es bien conocida, la gente puede comprar más fácilmente la organización. Algunos donantes dicen: "Sé que la misión de la organización sin ánimo de lucro es necesaria en mi comunidad y sé que hace un buen trabajo".[77] Tomemos como ejemplo la declaración de misión de Eternal Word Communication Ministries: "Educar a los niños nigerianos académica, espiritual, emocional y físicamente a la luz de la Palabra de Dios". Este es el ministerio en el que participamos mi esposa y yo. Desde 1994, cuando comenzó el ministerio, muchas personas e iglesias han creído en nuestra visión y misión y se han implicado en él. Nos han acompañado desde el principio. Otros se han unido a nuestra misión a lo largo del camino. Estamos muy agradecidos a Dios por todos ellos.

2. *Confían en tu organización.* Cuando la gente confía en ti y en tu organización, puede apoyar en gran medida lo que estás haciendo.

Pero cuando hay falta de confianza, no apoyarán lo que estás haciendo. "Los donantes acuden a su organización sin ánimo de lucro porque creen en su misión. Se quedan contigo porque demuestras que mereces su confianza y compromiso. La transparencia y la fiabilidad son fundamentales. Cuando digas que vas a hacer algo, sé fiel a tu palabra".[78]

3. *Consiguen ver el impacto.* Nunca se insistirá lo suficiente en que tu ministerio tiene un gran impacto. Lo ven en las vidas de las personas a las que quieres llegar. Cuando esto se hace realidad, tus donantes te apoyarán y otras personas se unirán también. "Cuando los donantes sienten que su donación tiene un impacto directo en la mejora de una situación, se sienten fortalecidos. Comparta con sus donantes información concreta sobre lo que financian sus donaciones. La información detallada sobre lo que se está logrando como resultado directo de las donaciones da confianza a los donantes".[79]

4. *Tienen una conexión personal con usted.* Cuando los donantes ven, conocen u oyen hablar de alguien que se ha beneficiado de su organización, se sienten estimulados a empezar a donar y a seguir haciéndolo. Las pruebas son claras. "Los donantes que donan porque han visto el impacto de su organización de primera mano son increíbles defensores de su causa. Si no preguntas a los donantes por qué donan, puedes perderte estas historias y oportunidades de difundir tu misión".[80]

5. *Quieren formar parte de algo.* Definitivamente, algunas personas quieren formar parte de algo que ocurre en su comunidad o sociedad, especialmente de las cosas que van bien. "Pon un rostro humano a tus datos y estadísticas, y llega al meollo de la cuestión. Comparte esto con tus donantes, para que puedan conectar con tu trabajo a nivel personal".[81] Por eso, los boletines de la mayoría de las organizaciones incluyen fotos de las personas a las que se dirigen.

6. *Has captado su atención.* Muchas organizaciones, iglesias y Compañías están en las redes sociales. Cuando buscan tu sitio web o blog para saber qué estás haciendo, pueden verlo. Como se suele decir: "¡Una imagen vale más que mil palabras!". "Cuanta más gente vea a sus iguales implicados en una causa, más probabilidades hay de que participen y donen. Además, participar en campañas sociales es divertido".[82]

7. *Quieren beneficios fiscales.* El gobierno de Estados Unidos ha autorizado que las donaciones a organizaciones sin ánimo de lucro e iglesias reconocidas sean deducibles de impuestos. Las deducciones fiscales reducen la cantidad de impuestos que pagan en sus ingresos anuales al gobierno. Eso es un estímulo para muchos donantes que pueden querer participar en su ministerio.

Cinco razones por las que debemos dar a la caridad o apoyar causas en las que creemos "Den más bien a los pobres de lo que está dentro, y así todo quedará limpio para ustedes". (Lucas 11:41 NASB). Es muy importante que las personas den a causas u organizaciones en las que creen. Dar no solo beneficia a las organizaciones benéficas en sí, sino que también puede tener efectos positivos en los donantes.

1. *Dar a una organización benéfica te hace sentir bien.* La gente se siente realizada cuando recuerda que está ayudando a otras personas de un modo u otro. "Donar a una organización benéfica sube mucho el ánimo. Saber que estás ayudando a los demás te da mucha fuerza y, a su vez, puede hacerte sentir más feliz y realizado". La investigación ha identificado un vínculo entre hacer una donación a la caridad y el aumento de la actividad en el área del cerebro que registra el placer, lo que demuestra que, como dice el viejo adagio, realmente es mucho mejor dar que recibir».[83]

2. *Dar a la caridad refuerza los valores personales.* Las personas pueden crecer espiritualmente cuando utilizan lo que tienen para ayudar a los demás. "Tener el poder de mejorar la vida de los demás es, para mucha gente, un privilegio, y uno que conlleva su propio sentido de la obligación. El sentimiento de responsabilidad es una gran manera de reforzar nuestros propios valores personales".[84]

3. *Dar a la caridad tiene más impacto que nunca.* Algunas personas piensan que sus donaciones pueden verse reducidas por los impuestos o los costes administrativos. La buena noticia es que las donaciones son desgravables en muchos países. Y muchos están encontrando formas de hacer que sus donaciones sean más efectivas: "Hay muchas otras formas de hacer donaciones a la caridad "fiscalmente efectivas", como donar directamente de su salario antes de que se deduzcan los impuestos, donar acciones a una organización benéfica

o dejar un legado benéfico en su testamento".[85]

4. *Dar a la caridad introduce a sus hijos en la importancia de la generosidad.* Es muy bueno enseñar a tus hijos a saber dar a la caridad desde la primera etapa de su vida. Cuando lo aprendan, no se apartarán de ello. "Empezar la tradición de donar a la caridad con tus hijos es fácil. Pruebe a hacer una caja de donativos a la que puedan contribuir todos los miembros de la familia, e implique a los niños en la elección de las causas a las que apoyar".[86]

5. *Las donaciones benéficas animan a amigos y familiares a hacer lo mismo.* Si estás acostumbrado a hacer donaciones benéficas, es bueno que animes a tus amigos y familiares a hacer lo mismo. "Sus propias donaciones benéficas pueden inspirar a sus seres más queridos a donar a causas importantes para ellos, e incluso podrían dar lugar a un esfuerzo familiar para apoyar a una organización benéfica que tenga un significado especial para ustedes como grupo".[87]

Algunas razones por las que los donantes pueden dejar de apoyar a su organización Hay varias razones por las que las personas dejan de donar a las organizaciones benéficas que habían estado apoyando anteriormente. Puede que durante un tiempo disfrutaran donando y les pareciera que era "hasta que la muerte nos separe". Por desgracia, a veces esos sentimientos cambian. He aquí algunas posibles razones.

1. "No puedo permitirme apoyar a la organización". La falta de fondos o ingresos es una de las razones por las que los donantes dejan de donar.

2. "Ya no me siento vinculado a la organización". Algunas personas se sienten desconectadas de la organización a la que apoyaban anteriormente por una razón u otra. Esto puede deberse a la falta de comunicación por parte de la organización benéfica. O puede que el donante simplemente esté "buscando nuevas personas con las que conectar, o un nuevo lugar al que conectarse, o sus intereses están evolucionando".[88]

3. "No recuerdo haber apoyado nunca a esa organización". Ocurre que algunas personas olvidan de vez en cuando que alguna vez han donado o apoyado a una organización con anterioridad. Esto puede deberse a que la organización no se ponga en contacto con

la persona después de un tiempo. La gente puede donar a alguna campaña por una persona concreta que había estado relacionada con la organización, quizá alguien a quien habían conocido personalmente antes de la recaudación de fondos. Es posible que "recuerden fácilmente a la persona a la que apoyaron, pero no recuerden a la organización detrás de la campaña".[89]

4. "Me piden demasiado dinero". Algunas personas piensan que muchas iglesias y otros grupos piden demasiado dinero todo el tiempo. Por eso, la gente se desanima y deja de donar a buenas causas. Las organizaciones benéficas deben ser conscientes de ello y tener cuidado con la forma de pedir ayuda para no desanimar a algunos de sus simpatizantes. "Pedir demasiado desanima [lo que suele ocurrir cuando se pide demasiado poco] y puede hacer que los donantes se vayan corriendo a otra organización".[90]

5. "No me dicen cómo se utiliza mi dinero". Muchos donantes se alegran cuando saben en qué se gastan sus donativos o su dinero. Tienen la seguridad de que sus donaciones se destinan a buenas causas. Eso hace que sigan apoyando a tu organización o ministerio. "La gente quiere saber que su dinero marca la diferencia. Si los simpatizantes no entienden su impacto, encontrarán un nuevo lugar donde invertir".[91]

6. "Nunca me volvieron a recordar que diera". La gente necesita que le recuerden que su trabajo continúa y que su donación sigue siendo necesaria. "Esta es una de las principales razones por las que los donantes se marchan. Nunca recibieron un mensaje tan sencillo como: 'Gracias por donar el año pasado. ¿Le gustaría donar de nuevo este año?'"[92]

7. "Dijeron algo que me cayó mal". Puede que escriba algo en su boletín que no haya gustado a su donante. Este tipo de cosas pueden desanimar a la gente, y dejan de apoyar a su ministerio. Este tipo de cosas ocurren de vez en cuando. "Tal vez leyeron una entrada en un blog que les molestó, o escucharon algo en un evento que no encajaba con sus valores".[93] En este caso, no hay mucho que puedas hacer, sólo orar.

8. "Ya no puedo permitirme dar". Este tipo de cosas ocurren a menudo. Se produce algún tipo de dificultad y el donante ya no puede seguir apoyando como lo hacía antes. Si ya no pueden apoyar

económicamente tu misión, agradéceles lo que ya han hecho. Y pídeles que sigan formando parte del ministerio orando.

9. "El fundador de La organización falleció". Algunas personas apoyan a una organización porque les gusta el fundador o un determinado líder. Cuando esa persona fallece, pueden dejar de donar porque no saben cómo seguirán adelante los sucesores. Este problema podría evitarse con una comunicación sensible de la organización a sus simpatizantes sobre lo que planean para el futuro.

10. "La organización benéfica ya no necesita mi apoyo".[94] En otros casos, algunos donantes dejan de apoyar a la organización cuando creen que ésta ya no necesita su apoyo. Esto ocurre cuando consideran que la organización está funcionando muy bien y puede que ya no necesite su ayuda.

11. "La organización benéfica no acusó recibo de mi ayuda".[95] La organización puede olvidarse de acusar recibo de los donativos de particulares o iglesias. Cuando esto ocurre, es posible que estas personas o iglesias dejen de apoyar a su organización benéfica. Tienes que escribir a la persona o a la iglesia para disculparte por el olvido. Y después de escribirles, ora para que Dios les toque y vuelvan a apoyar tu ministerio.

Conclusión

En este Capítulo, hemos tratado de los principios y métodos del dar cristiano. Se exhorta a los creyentes a dar con alegría, a dar a pesar de la aflicción, a dar a pesar de la pobreza, a dar según la habilidad, a darse uno mismo, a dar con entusiasmo pidiendo la oportunidad, a dar por propia voluntad, y a dar con generosidad, alegría, generosidad, regularidad, proporción y sacrificio. Los métodos para dar incluyen la promesa, la limosna, la acción de gracias, el anonimato y la expectación. En esta sección también se han tratado cinco razones por las que debemos apoyar la caridad y diferentes motivos por los que los donantes abandonan. El próximo Capítulo tratará de los impedimentos para dar cristianamente en muchas sociedades.

Referencias del Capítulo 3

40. Merrill D. Moore, *Found Faithful* (Nashville, Tennessee: Broadman Press, 1953), p. 34.

41. Bishop Azariah, p. 65.

42. Buttrick, et al. eds, *The Interpreter's Bible. vol. 10* (Nashville, Tennessee: Abingdon Press, 1978), p. 364.

43. Brian Anderson, https://www.thebridgeonline.net/author/brian.

44. Charles Williams, *A Commentary on The Pauline Epistles* (Chicago, Illinois: Moody Press, 1953), p. 202.

45. Buttrick, et al. eds., p. 365.

46. Rice, p. 10.

47. https://www.focusonthefamily.com/family-qa/reasons-christians- dont-give/

48. Buttrick, p. 207.

49. Williams, p. 206.

50. Lugt and Smith, p. 20.

51. Rice, p. 8.

52. https://www.crosswalk.com/family/finances/three-key-principles- of-godly-giving- 1426486.html

53. Moore, p. 37.

54. Charles Caldwell Ryrie. The Ryrie Study Bible. Chicago, Illinois: Moody Press. 1978, p. 1763.

55. Oswald J. Smith. The Cry of the World. London, England: Marshall Morgan and Scott, 1969, p. 65.

56. Williams, p. 207.

57. Anderson, (https://www.thebridgeonline.ne/category/articles/).

58. Charles Ryrie, *The Christian Life*, p. 87.

59. Allen, p. 82.

60. Charles Ryrie, *Christian Life*, p. 86.

61. A. S. Hornby, E. V. Gatenby, H. Wakefield, *The Advanced Learner's Dictionary of Current English* (London, England: Oxford University Press, 1965), p. 67.

62. https://www.biblestudytools.com/bible-study/topical-studies/ what-does-the-bible-say- about-giving.html.

63. Charles Ryrie, *Christian Life*, p. 86.

64. https://bible.org/seriespage/lesson-5-giving-god-s-way-selected- scriptures.

65. Ibid, p. 89.

66. https://www.focusonthe family.com/family-qa/biblical-principles- and-principles-about- money/

67. https://jcbc.org/3-reasons-why-pledging-matters/

68. https://jcbc.org/3-reasons-why-pledging-matters/

69. https://www.episcopalcafe.com/stewardship_tithing_giving_annual_pledge_defined/

70. Merrill C. Tenney, Steven Barabas, et al., *The Zondervan Pictorial Encyclopedia of the Bible*. vol. 1 (Michigan: Zondervan Publishing House), 1977, p. 109.

71. Burke, pp. 9–10.

72. https://www.compellingtruth.org/alms.html#:~:text=In the Bible and in historic Christianity%2C almsgiving, seventh year%2C leave the entire field %28E

73. Brian Anderson. (https://www.thebridgeonline.net/authority brian/

74. Charles Ryrie, *Christian Life*, p. 87.

75. Lugt and Smith, p. 20.

76. Chuck and Winnie Christensen, *We Just Can't Afford to Tithe* (Chicago, Illinois: Moody Monthly. July/August, 1982), p. 91.

77. https://www.networkforgood.com/nonprofitblog/7-reasons-why- donors-give

78. https://www.networkforgood.com/nonprofitblog/7-reasons-why-donors-give

79. https://www.networkforgood.com/nonprofitblog/7-reasons-why- donors-give/

80. https://www.networkforgood.com/nonprofitblog/7-reasons-why-donors-give/

81. https://www.networkforgood.com/nonprofitblog/7-reason-why- donors-give/

82. https://www.networkforgood.com/nonprofitblog/7-reasons-why- donors-give/

83. https://www.cafonline.org/mypersonal-giving-/long-term-giving/resource-centre/five- reasons-to-give-to-charity

84. https://www.cafonline.org/mypersonal-giving-/long-term-giving/resource-centre/five- reasons-to-give-to-charity

85. https://www.cafonline.org/mypersonal-giving-/long-term-giving/resource-centre/five- reasons-to-give-to-charity

86. Ibid.

87. https://www.cafonline.org/my-personal-giving/long-term-giving/ resource-centre/five- reasons-to-give--to-charty

88. https://firespring.com/solutions-for-nonprofits/7-reasons-why-donors-leave-you/

89. Hhttps://firespring.com/solutions-for-nonprofits/7-reasons-why- donors-leave-you/

90. https://firespring.com/solutions-for-nonprofits/7-reasons-why-donors-leave-you/

91. https://firespring.com/solutions-for-nonprofits/7-reasons-why- donors-leave-you/

92. https://firespring.com/solutions-for-nonprofits/7-reasons-why-donors-leave-you/

93. https://firespring.com/solutions-for-nonprofits/7-reasons-why- donors-leave-you/

94. www.campbellrinker.com/Managing_donor_defection.pdf

95. Dr. Adrian Sargeant, www.campellrinker.com/Managing_donor_ defection.pdf.

CAPÍTULO 4

Las Dificultades de la Donación Cristiana en Muchas Sociedades

L as finanzas, un factor tan importante en toda organización, corporación, sociedad y misión, han sufrido mucho entre los cristianos debido a varias razones. El problema principal es que, aunque la mayoría del pueblo de Dios conoce los motivos y propósitos de las ofrendas cristianas, no ha puesto en práctica los principios y métodos. Sin embargo, hay muchos otros factores que dificultan el dar cristiano.

Pobreza

La pobreza es una de las razones que la gente da para su incapacidad de dar apropiadamente. En algunos casos, la pobreza se debe a la falta de empleo. En las iglesias africanas, la escasez de fondos se ve agravada por el sistema de familia extensa. Allí se espera que cada adulto cuide de un puñado de parientes o más, independientemente de si la familia inmediata puede permitírselo o no.

Muchos en Estados Unidos no son conscientes de lo extendido que está el problema de la pobreza. De hecho, la mayoría de los cristianos del mundo están empobrecidos. Merrill D. Moore, en su libro *Found Faithful*, ofrece algunas estadísticas tristes:

> La mitad de la población del planeta recibe unos ingresos medios inferiores a cien dólares anuales. Dos tercios de las personas viven por debajo del nivel de subsistencia. Los hombres pasan

hambre. Más de la mitad de la humanidad sufre malnutrición...
Los enfermos no tienen médico, ni medicinas, ni nadie que les
ayude.[96]

La gente no solo es pobre, sino que tiene que pagar deudas enormes
que la disuaden de apoyar la obra de Dios. Muchos de los que viven
en los países occidentales más ricos han alcanzado niveles de deuda
sin precedentes debido a una hipoteca, un préstamo para el coche, un
préstamo estudiantil o una tarjeta de crédito. Con muchos miembros
de la iglesia esclavizados por las deudas, a menudo debidas a gastos
que podrían haberse evitado, a menudo sienten que no pueden dar al
Señor.[97]

Conceder más Honor a los Ricos

Las personas más adineradas suelen recibir mucho más reconocimiento
en las iglesias que los miembros medios o los pobres. A algunos de estos
miembros ricos se les dan asientos delanteros especiales donde nadie
más puede sentarse en la iglesia. Esta segregación viola la clara enseñanza
de las Escrituras (Santiago 4:1-9). La Biblia dice que Dios no muestra
ninguna parcialidad hacia ninguna persona (Hechos 10:34, Romanos
2:11), y deberíamos aspirar a ser como Él en esto. Pero a menudo el
pastor y los ancianos son cómplices en favorecer a los ricos, mirando a
las personas en lugar de a Dios para resolver los problemas financieros
de la iglesia. Un subproducto desafortunado de favorecer a los ricos es
que minimiza las contribuciones de los demás (las viudas con sus ácaros)
y desalienta a los de ingresos bajos y medios a dar.

Donaciones Impuestas en Forma de Gravámenes

Una práctica muy extendida en las iglesias de muchos países consiste en
imponer gravámenes a los miembros con el fin de recolectar dinero para
proyectos eclesiásticos. Esto se debe a la falta de espíritu de dar en dicha
organización o iglesia. La iglesia impondrá ciertas cantidades de dinero
a sus miembros en forma de tasa de clase, tasa de construcción y tasa de
cosecha. Estas son obligatorias, porque si un miembro no paga alguna
de estas contribuciones y luego muere, estas contribuciones deben ser
pagadas antes de que la iglesia lo entierre. Y en cuanto se pague el dinero,
se le considerará miembro fiel de la iglesia, ¡aunque nunca haya sido un

verdadero creyente! La iglesia le organizará un glorioso funeral en el que se alabará al difunto y se le configurará como un ejemplo.

Tales métodos pueden producir más dinero a corto plazo, pero no ayudan a educar a la gente en los principios cristianos de dar. Jason Soroski escribió:

> ¡Dios ama al dador alegre! Este es un hermoso pensamiento por lo que Pablo dice (dar alegremente) y por lo que no dice (dar una cierta cantidad). Dios no desea que demos a regañadientes o bajo coacción. Si usted es presionado a dar una cierta cantidad (o de lo contrario), entonces hay algo muy mal y muy no bíblico sucediendo. Dar ha pasado de ser una alegría a ser una carga.[98]

Falta de Presupuesto para las Necesidades de la Iglesia

Nunca se insistirá lo suficiente en la importancia de elaborar un presupuesto para cualquier negocio o misión. Muchas iglesias están en bancarrota financiera debido a la falta de un presupuesto sensato para las necesidades de la iglesia. Otras iglesias cometen el error de no comunicar los detalles del presupuesto a los asistentes. La congregación no sabe cuáles son las necesidades financieras de la iglesia, ni qué prioridades monetarias hay que atender. Cuando los miembros desconocen la verdadera situación financiera de la iglesia, inevitablemente se producirá una falta de ofrendas de sacrificio. No verán su responsabilidad en las necesidades de la iglesia y pensarán que sus cincuenta céntimos o un dólar son suficientes.

Si los líderes de la iglesia comunican los detalles del presupuesto, se fomentará la ofrenda bíblica. También es una práctica sabia involucrar a los miembros en el proceso de toma de decisiones para el presupuesto. Si los feligreses se apropian más de las decisiones, es más probable que se responsabilicen de cumplir el presupuesto con sus donativos.

Falta de un Buen Sistema Contable en la Iglesia

No basta con que los miembros conozcan los detalles del presupuesto con el que contribuyen al bienestar de la iglesia. También es muy necesario que sepan cómo se han gastado sus ofrendas. Pero en muchas iglesias se rinde poca o ninguna cuenta, y el informe puede no ser exacto.

Es mucho más probable que los miembros den si la iglesia les informa de cómo se gasta el dinero. Una práctica muy común es que el tesorero de la iglesia entregue un informe mensual impreso a la junta de la iglesia y un informe anual impreso a toda la congregación. El tesorero debe estar disponible para recibir preguntas cuando se presente el informe. También es una buena práctica, especialmente en iglesias grandes, aumentar la responsabilidad haciendo que una auditoría externa verifique que la contabilidad de la iglesia se lleva con exactitud y honestidad.

Malversación de Fondos de la Iglesia

A veces, la razón por la que los líderes de la iglesia son imprecisos acerca de cómo se han gastado las donaciones es que no quieren que la contabilidad sea ¡hábil! Se resisten al escrutinio porque no están siendo honestos con el dinero del Señor. La misma plaga que plaga los negocios de los no creyentes está comiendo más y más profundamente en nuestras iglesias más que nunca. Esta plaga no es otra que los funcionarios de la iglesia malversando el dinero confiado a su cuidado. Malversación es una palabra elegante para robo en la casa de Dios. Los igbos de Nigeria lo describen como «un perro que se come el hueso que le han colgado del cuello». ¡Hay que ponerle fin! «Qué triste es encontrar cristianos que no son perfectamente dignos de confianza a la hora de manejar el dinero de otras personas. El mal uso del dinero arruina la reputación de la iglesia y el alma del individuo».[99]

Falta de una Buena Enseñanza Bíblica

La falta de una buena enseñanza bíblica sobre el dar hoy en día es una de las principales razones por las que tan pocos cristianos modernos practican la mayordomía bíblica. La mayoría de los cristianos fallan en dar apropiadamente porque no se les enseña los principios bíblicos de dar por el liderazgo de la iglesia y no han visto el dar bíblico demostrado en las vidas de otros miembros. Como resultado, la gente casi no tiene visión de lo que el dar apropiadamente puede hacer en sus vidas.

La mayoría de las nuevas iglesias no dan una enseñanza correcta sobre el dar a las personas que comienzan a asistir a sus servicios. A los nuevos cristianos se les enseña que deben entregarse a Dios, pero no se les muestra correctamente que la entrega a nuestro Señor debe mostrarse de muchas maneras específicas. Los líderes evitan enseñar a los nuevos creyentes a mostrar su amor con regalos, financieros y de otro tipo, hechos a Dios y a la iglesia. No se les enseña cómo, por qué y a quién deben dar.[100]

Los predicadores del Evangelio de la prosperidad son especialmente culpables de enseñar mal sobre el dar. Su enseñanza es que "la bendición financiera y el bienestar físico son siempre la voluntad de Dios para ellos, y que el discurso positivo de fe y las donaciones a causas religiosas aumentarán la riqueza material de uno. La teología de la prosperidad ve la Biblia como un contrato entre Dios y los humanos; si los humanos tienen fe en Dios, él les dará seguridad y prosperidad".[101] ¡Esta es una enseñanza muy poco bíblica y peligrosa! Dios no nos debe nada, y nada de lo que hagamos puede obligar a Dios con nosotros. Todo depende de Dios para bendecirnos como Él elija. No podemos forzarlo en contra de Su voluntad.

La solución a este problema es la enseñanza correcta por parte de los pastores y ministros del evangelio de Cristo. Los creyentes deben ser enseñados los principios de la mayordomía. Patrick Johnson, citando la enseñanza de Ron Blue, resume las razones por las que los cristianos no dan apropiadamente: no planean hacerlo, no saben cómo, relaciones limitadas, visión limitada, problemas financieros y problemas espirituales. Concluye de la siguiente manera:

> Así que veamos la raíz de por qué la gente no da: problemas espirituales. He hablado con muchos líderes de megaiglesias sobre qué porcentaje de sus asistentes de fin de semana no dan nada a la iglesia durante un año. La respuesta que oigo más a menudo es que el 50% de la gente da $0. ¡Cincuenta por ciento! Y cuando pienso en esa gente, supongo que no leen la Biblia, no oran fuera de una crisis ni sirven a los demás.[102]

Eliot Crowther y Chris Heaslip, cofundadores de Pushpay.com, tienen estas sugerencias para el clero sobre cómo educar a sus miembros sobre cómo mejorar sus normas de donación: (1) Conseguir que su liderazgo a bordo. Los líderes y el personal de la iglesia tienen que estar comprometidos con la idea. "Así que, sea cual sea la cantidad que animen a sus miembros a dar, los dirigentes tienen que demostrarlo".[103] (2) Sean claros sobre sus expectativas. Intente que "la gente se sienta cómoda pensando en sus finanzas como una extensión de su fe". (3) Facilite las donaciones. Hay gente que no lleva siempre encima el talonario de cheques o el dinero en efectivo. Pónselo fácil ofreciéndoles una opción sencilla, rápida y móvil que les permita dar en un instante. (4) Comparta historias de donaciones. "Necesitan escuchar a personas que tomaron la decisión de donar con regularidad y el impacto positivo que tuvo en sus vidas".[104] (5) Ofrezca clases de finanzas. Esto educará a los miembros en los principios de la mayordomía bíblica para que experimenten de primera mano las alegrías de dar cristianamente.

Miedo

La gente tiene miedo de lo que pasará con sus finanzas si dan debido a sus recursos limitados y una gran cantidad de necesidades que satisfacer. "Hay mucho miedo con las finanzas. Cuando los cristianos dan, a menudo retienen o reducen sus donaciones por miedo. Empiezan a preguntarse: 'Si doy este dinero, ¿podré pagar el colegio de los niños, la hipoteca y otras facturas?"[105] La gente debe recordar que Dios ha prometido satisfacer las necesidades de los dadores fieles (Filipenses 4:19, comparar 4:15-18).

Falta de Madurez

Muchos cristianos no son maduros en su caminar cristiano, y una forma de demostrarlo es la falta de dar. El liderazgo de la iglesia necesita enseñar a los miembros acerca del crecimiento espiritual, para que puedan llegar a ser fuertes en su fe. Esto incluirá su discipulado financiero. Los dirigentes deben enseñar sobre la administración adecuada del dinero y las posesiones, sobre el uso del dinero, sobre dar dinero y sobre cómo "Porque el amor al dinero es la raíz de toda clase de males. Por codiciarlo, algunos se han desviado de la fe y se han causado muchísimos sinsabores". (1 Timoteo 6:10).

"Cada uno de nosotros se encuentra en una etapa diferente de su madurez cristiana. El desafío para los líderes de la iglesia es discipular eficazmente a los miembros para que lleguen a ser seguidores maduros de Jesús centrados en Cristo. No olvide el discipulado financiero. Nuestras ofrendas son una prueba de fuego de nuestra madurez espiritual. De hecho, nuestros extractos bancarios son como documentos teológicos, ya que nos hablan de lo que realmente creemos".[106]

De Todos Modos, Todo es Mío; ¿Por Qué Debería Dar?

La mayoría de la gente trabaja con la idea equivocada de que son los verdaderos dueños de su dinero y sus posesiones. Olvidan que todos somos meros administradores de lo que el Señor nos ha confiado. Y solo somos administradores temporales. Todo lo que supuestamente poseemos pertenece en realidad a Dios. El Señor figura: "pues míos son todos los animales del bosque, y mío también el ganado de miles de colinas". (Salmo 50:10).

La Biblia dice: "Del Señor es la tierra y todo cuanto hay en ella, el mundo y cuantos lo habitan" (Salmo 24:1). Por eso, lo que supuestamente «damos», en realidad es del Señor. Por tanto, estamos «dando» algo que, en primer lugar, solo se nos presta a nosotros. Por lo tanto, debemos aprender a dar generosamente. Dar tiene muchas recompensas.

Mis Diezmos no Cuentan

Algunas personas pueden pensar que, como no tienen mucho dinero, su dinero no cuenta. Pero la viuda de los Evangelios fue reconocida no por la cantidad de dinero que dio, sino por el corazón con el que dio.

"Jesús se sentó frente al lugar donde se depositaban las ofrendas, y estuvo observando cómo la gente echaba sus monedas en las alcancías del Templo. Muchos ricos echaban grandes cantidades. Pero una viuda pobre llegó y echó dos moneditas de muy poco valor. Jesús llamó a sus discípulos y dijo: Les aseguro que esta viuda pobre ha echado en el tesoro más que todos los demás. Porque todos ellos dieron de lo que les sobraba; pero ella, de su pobreza, echó todo lo que tenía, todo su sustento" (Mc 12:41-44).

No debemos esperar a tener mucho para dar. Si esperamos, puede que nunca demos a Dios. Todo lo que demos a Dios contará, por pequeño o grande que sea, siempre que provenga de un corazón alegre.

Conclusión

Hemos investigado diferentes puntos sobre muchas desventajas que impiden a la gente dar a Dios y a Su ministerio. Algunos de esos problemas incluyen la pobreza, conceder más reconocimiento a los ricos, coerción a través de gravámenes, falta de contabilidad responsable, falta de presupuesto, falta de enseñanza bíblica, falta de madurez, pensar que uno no tendrá suficiente, pensar que el dinero es realmente suyo, y pensar que los dones de uno realmente no cuentan. Pero estos problemas sí tienen respuestas, y en nuestro próximo Capítulo, consideraremos cuáles son algunas de esas soluciones.

Referencias del Capítulo 4

96. Moore, p. 4.
97. https://wealthwithpurpose.com/our-courses/
98. https://www.biblestuytools.com/bible-study/topical-studies/ what-does-the-bible-say-about- giving.html.
99. Bishop Azariah, p. 55.
100. Bishop Azariah, p. 28.
101. En.m.wikipedia.org.
102. Hhtps://churchleaders.com/pastors-/pastor-how-to/150313 patrick-johnson-giving-why- christians-don-t-give-church.html.
103. https://pushpay.com/blog/20-bible-verses-about-tithing/
104. https://pushpay.com/blog/20-bible-versse-about-tithing/
105. https://wealthwithpurpose.com/our-course/
106. https://wealthwithpurpose.com/our-course/

Capítulo 5

Soluciones a la Falta de Donación Cristiana

Aunque hay muchos impedimentos para que los cristianos den en nuestras iglesias, existen soluciones a estos problemas. Por ejemplo, dar a pesar de la pobreza, eliminar los impuestos, elaborar un presupuesto para las necesidades de la iglesia o del ministerio, llevar una contabilidad adecuada, fomentar las formas autóctonas de dar y recibir una buena enseñanza bíblica sobre el dar.

Dar a Pesar de la Pobreza

La pobreza no es una respuesta adecuada a la falta de sacrificio en el dar de los cristianos. Porque, independientemente del nivel económico de cada uno, se puede dar el céntimo de la viuda, como hizo la viuda pobre (Marcos 12:41-44) o como hicieron los cristianos macedonios (2 Corintios 8:1-5). Y si una persona está desempleada o no tiene dinero, todavía puede contribuir con su tiempo, habilidades o servicio a la obra del Señor. El ejemplo de la parábola de los talentos debería motivarnos a dar sea cual sea nuestra situación económica, sabiendo muy bien que somos responsables de lo que se nos ha confiado (Mateo 25:14-30).

Dar Debe ser Voluntario en Lugar de Impuesto

Los métodos para recaudar dinero para la obra del Señor mediante la coacción deben ser eliminados de una vez por todas. Estos incluyen el uso de alta presión del gravamen de la clase, gravamen de la cosecha, gravamen del edificio, bazares, evaluaciones, o Colecta Misionera Anual (CMA). Estas tácticas no permiten que la gente dé proporcionalmente, voluntariamente, o sacrificialmente. En realidad impiden que los creyentes den de acuerdo a los principios bíblicos. Buttrick escribió: "Cuando pida dinero, que el embajador de Cristo busque despertar en la gente la simpatía imaginativa y el amor de los cuales brota la liberalidad, y no inducirlos a dar debido a su lealtad personal a sí mismo".[107]

O como dijo Jesús: "Lo que ustedes recibieron gratis, denlo gratuitamente". (Mateo 10:8).

La Necesidad de Presupuestar

Nunca se insistirá lo suficiente en la necesidad de elaborar un presupuesto. Incluso Jesús preguntó: "Supongamos que alguno de ustedes quiere construir una torre. ¿Acaso no se sienta primero a calcular el costo para ver si tiene suficiente dinero para terminarla?" (Lucas 14:28). La idea de planificar con antelación está implícita en la parábola de Jesús.

El presupuesto ayudará a la iglesia o ministerio a ver las áreas en las que necesita poner su dinero. Un buen presupuesto incluye planes para conseguir fondos que satisfagan las necesidades de los programas de la iglesia. Debe haber un controlador en la distribución para asegurar que las instrucciones de la iglesia sean llevadas a cabo y que el dinero sea gastado solo como fue recibido. El presupuesto proporciona a la iglesia el control necesario sobre los gastos. Ayuda a capacitar a los miembros para que cumplan con su responsabilidad. Ayuda a planificar para alcanzar a los no alcanzados y atender las necesidades del pueblo de Dios. Y cuando se cumple el presupuesto para todo el año, producirá un testimonio de la fidelidad de Dios.

Hay algunas consecuencias de no presupuestar. La falta de un presupuesto hace mucho más difícil alcanzar las metas ministeriales de la iglesia. "Con un presupuesto, puedes planificar fácilmente tus gastos y recortar gastos para alcanzar ese objetivo. Además, si hace un seguimiento continuo de sus gastos, podrá identificar cuándo sus gastos se desvían de su objetivo y qué debe hacer para solucionarlo".[108] Otras consecuencias son la falta de ahorros, un menor control financiero, el gasto excesivo, las deudas, el estrés y verse abrumado por gastos inesperados. El autor de Painful

Consequences of Not Budgeting concluye: "Creo que la principal consecuencia de no presupuestar es un aumento del estrés. Piénsalo: tanto si no estás preparado para afrontar gastos inesperados, como si sientes que has perdido el control financiero, o gastas por encima de tus posibilidades, o estás enterrado en deudas y no te sientes satisfecho con tu vida financiera, es estresante".[109]

Debería configurarse un comité presupuestario financiero. Deberían estudiar las áreas de necesidad de la iglesia, como se ha figurado anteriormente. Debe haber una columna de presupuesto corriente, una de benevolencia y una de presupuesto misionero. Deben elaborar un presupuesto provisional, estudiarlo y dar recomendaciones. El presupuesto provisional se presentará a los ancianos y diáconos para su estudio. Finalmente, el presupuesto aprobado se presentará a toda la iglesia. Esta debe gastar solo lo que se apruebe en el presupuesto o en la acción subsiguiente de laiglesia.[110]

La idea del presupuesto en las finanzas de la iglesia es un gran avance. Gracias a ella, la iglesia permitirá a sus donantes saber claramente a principios de año lo que pueden esperar. Y la multiplicidad de apelaciones financieras desagradables en los servicios del domingo por la mañana se reducirá y finalmente desaparecerá.

Una Buena Contabilidad

Un buen sistema de contabilidad depende en gran medida de los líderes que son los ancianos u obispos de la iglesia. Asegúrese de que no sean avaros (1 Timoteo 3:3). Pablo recomendó a Tito y a sus colegas porque eran líderes probados y comprobados que no malversarían los fondos de la iglesia.

Todas las ofrendas deben contarse y anotarse en el libro de cuentas tan pronto como termine el servicio, y en presencia de más de un miembro representativo de la congregación. Deben asegurarse de que el importe íntegro se ingresa regularmente en la tesorería de la iglesia y no es utilizado por el pastor o los trabajadores laicos como anticipo de parte del salario. La iglesia o la organización deben mantener registros básicos, como un resumen de los certificados de ingresos, registros individuales de los donantes, un talonario de cheques y una cuenta en un banco local.

Los pastores y otros líderes deben ser absolutamente escrupulosos e irreprochables en el manejo de cualquier dinero de la iglesia. Es necesario presentar informes mensuales a las juntas directivas oficiales de la iglesia y un informe anual para todo el cuerpo de la iglesia.[111] "Una declaración anual de las contribuciones de la gente y de cómo han sido desembolsadas crea confianza, aumenta el interés y ayuda a dar con más sacrificio".[112]

Fomentar Formas Autóctonas de Dar

Es cierto que muchos cristianos del mundo quieren dar pero no tienen dinero para hacerlo. Hay que animarlos a dar cosas materiales como plátanos, naranjas, ñames, arroz, judías, etc., que ellos mismos han producido. Si la ofrenda tiene demasiados alimentos a la vez, esos productos podrían venderse y convertirse en dinero en efectivo para otros fines. Se podría dar a los menos privilegiados de la iglesia. Otros podrían dar trabajando en la iglesia en lugar de dar dinero. "El dinero es el medio de intercambio. Representa tu trabajo, tu habilidad, tu sudor y tu esfuerzo, todo tu ser. Cuando lo das, te das a ti mismo".[113] La iglesia tiene que ser un lugar donde cada miembro pueda dar según la guía del Espíritu Santo.

Hay múltiples opciones para que la iglesia pueda llevar a cabo la ofrenda. Podría hacerse mientras la gente entra en la iglesia o mientras sale o durante un tiempo especial reservado durante el servicio. Podría hacerse incluso en secreto, cuando ninguna otra persona esté observando. Una iglesia puede configurar una caja de ofrendas permanente en la que la gente pueda contribuir en diferentes momentos. Algunas iglesias usan varias cajas, marcadas para donaciones a los pobres, misiones, ministerio y otros propósitos.

Una Clara Enseñanza Bíblica Sobre las Ofrendas

La instrucción de Jesús a sus discípulos de ir a todas las naciones, enseñándoles a observar todas las cosas que Él les ha mandado es un imperativo (Mateo 28:20).[114] Si no podemos ser excusados por no enseñar las doctrinas de la expiación, de la salvación y de la iglesia, de la misma manera no podemos ser excusados por no enseñar la doctrina de la mayordomía.

Las iglesias que han descuidado la enseñanza de la ofrenda bíblica deben ser despertadas a una experiencia más profunda de la vida cristiana y a una enseñanza fiel de la mayordomía según los principios del Nuevo Testamento. A los conversos se les debe enseñar el deber y el privilegio de la mayordomía cristiana desde el principio de su vida cristiana. Waldo Werning escribió:

> Solo los principios bíblicos producirán hábitos bíblicos de dar. No se puede sembrar el yo y cosechar el espíritu. La solución a la falta de dar no es recolectar versículos sobre la mayordomía e inyectarlos en los cristianos para que den lo que la iglesia necesita, sino enseñar el Evangelio para que el Espíritu Santo derribe las barreras humanas en los corazones y construya una casa de amor en el mismo lugar.[115]

Los comentarios de Jason Soroski sobre la donación cristiana deberían animar a todos los creyentes:

> A lo largo de los siglos, los cristianos han dado generosa y sacrificadamente por la causa del Evangelio. Los cristianos han financiado escuelas, organizaciones benéficas y hospitales. Han dedicado tiempo y dinero a reconstruir ciudades tras inundaciones e incendios. Los cristianos han dado fielmente a sus iglesias locales, a los misioneros, a los vecinos necesitados, y han dado constantemente de maneras que otros nunca conocerán. Siguiendo el ejemplo de nuestro Salvador, que lo dio todo por nosotros, los cristianos somos un pueblodadivoso.[116]

Conclusión

La cuestión de dar no es triste, como muchos piensan, sino alegre. Aunque muchas personas no dan con generosidad, proporción, voluntariedad, alegría y sacrificio, es bueno darse cuenta de que dar es una bendición (Hch 20:35).

Por esta razón, el noble ejemplo de Cristo debería motivar a todo cristiano a dar con sacrificio para la obra del Señor y para los menos privilegiados.

No solo el ejemplo de Cristo debería motivarnos a dar, sino también el darnos cuenta de que todas las posesiones materiales y oportunidades sociales que nos han llegado nos han sido confiadas por Dios. Esta comprensión debería estimularnos a darle a Él a cambio.

Donde el dar bíblico ha sido obstaculizado por la pobreza, la malversación de fondos, la falta de presupuesto u otros obstáculos, ¡necesitamos corregir los problemas con una buena enseñanza bíblica y prácticas sensatas!

El dar bíblicamente produce honor a Dios, expresa nuestra gratitud a Cristo, produce carácter cristiano, produce gozo espiritual y satisface las necesidades espirituales, emocionales y físicas de la gente en todas partes. Y por supuesto, dar más que el diezmo es mucho mejor. Es la oración del autor que la lectura de este libro ayude a su audiencia a ser mejores administradores de sus posesiones y siervos más gozosos de Cristo.

Referencias del Capítulo 5

107. Buttrick et al., p. 367.

108. https://bethebudget.com/consequences-of-not- budgeting/#:~:text=8
https://bethebudget.com/consequences-of-not-budgeting text=8

109. Moore, pp. 64–65.

110. Kenneth K. Kilinski and Jerry C. Wofford, Organization and Leadership in the *Local Church* (Grand Rapids; Michigan: Zondervan Publishing House, 1976), p. 199.

111. Bishop Azariah, p. 89.

112. Oral Roberts, *Miracle of Seed Faith* (Tulsa, Oklahoma: Oral Roberts, 1970), p. 20.

113. Delonise M. Beall, *Christian Stewardship* (Grand Rapids, Michigan: Zondervan Publishing House), 1955.

114. Waldo J. Werning, *What Moves Men as Stewards* (*Christianity Today.* April 24, 1970), p. 91.

115. www.Jasonsoroski.wordpress.com

APÉNDICE

Recomiendo encarecidamente el artículo 50 Ways to Encourage Faithful Giving - Lewis Center for Church Leadership of Wesley Theological Seminary.

El artículo puede consultarse en https://www.churchleadership.com/50-ways/50-ways-to-encourage-faithful-giving/ y se reproduce aquí con su debida autorización. El artículo exhorta a los individuos cristianos y a las organizaciones cristianas a crecer en el discipulado a través de la mayordomía fiel y la generosidad extravagante. He reproducido aquí el artículo completo y animo a todos los lectores de este libro a leer esta sección del apéndice.

Hacer hincapié en la dimensión espiritual de la mayordomía

1. Enseñar la corresponsabilidad como un modelo holístico de nuestra relación con Dios, como la expresión tangible de nuestra confianza en Dios. Dar es un asunto espiritual tan central para una vida fiel como la oración, el estudio de la Biblia y la adoración.
2. Como acto de adoración. Utiliza el momento de la ofrenda para elevar el significado espiritual de dar. Lleva una ofrenda en cada culto.
3. Dar buen ejemplo. El pastor debe diezmar y animar a otros ministros, personal y líderes a hacer lo mismo. Todos los líderes deben tomar en serio sus ofrendas y ser modelos de generosidad.
4. Hable abiertamente sobre el dinero y la fidelidad a Dios. Si los líderes se sienten incómodos con el dinero, los miembros también

lo estarán. Conozca su historia de dar y esté dispuesto a testificar sobre ella.

5. Modele el espíritu dadivoso que busca de los miembros en el presupuesto de su iglesia dando generosamente a ministerios más allá de la congregación.

6. Enseñe la teología de la mayordomía a través de una variedad de medios: clases en la escuela de la iglesia, otros lugares de estudio, sermones y correspondencia. Utilice escrituras, citas e historias sobre la mayordomía en boletines, circulares, otros materiales impresos y sitios web.

Saber qué Motiva a Dar.

7. Ya sabes que la gente da para muchas cosas por diversas razones. Pocos tienen una estrategia de donación bien planificada o constante. Algunos dan por impulso. Otros son más prudentes. Diferentes tipos de llamamientos son eficaces con diferentes tipos de donantes.

8. Reconocer que la gente quiere marcar la diferencia. Darán a aquello que valoran.

9. Apreciar que dar fielmente es fruto de la madurez espiritual. Se necesita tiempo y mucho cuidado para desarrollarlo.

10. No se dedique a recaudar fondos. La gente da a Dios, no para aumentar el sueldo del predicador o pagar los servicios públicos. No convierta las ofrendas a la iglesia en «una factura más a pagar», una factura que se puede saltar sin recargos, multas o la necesidad de ponerse al día. Enfatizar el dar como una respuesta gozosa a la generosidad de Dios, no como una obligación.

11. Hablar con los miembros sobre la mayordomía y las oportunidades de dar. La mayoría de las personas nunca aumentan sus donaciones porque se lo pidan, ni porque se les den razones de peso para hacerlo. No tenga miedo de elevar las necesidades de la iglesia, pero siempre de una manera que enfatice la misión.

12. Fomente las relaciones. La gente da a personas y organizaciones con las que siente una conexión. Los líderes de la iglesia deben escuchar atentamente en busca de pistas sobre asuntos de importancia para los miembros de la iglesia. La solicitud personal es fundamental, especialmente en el caso de donaciones más modestas.

13. Recuerde que la gente -especialmente las generaciones más jóvenes-da para apoyar la misión, no las instituciones o los presupuestos. Todo lo que comunique sobre las donaciones debe hacer hincapié en el ministerio, no en el mantenimiento.

14. La vitalidad de la congregación es clave para las donaciones. Todo lo que aumente la implicación y la participación de los miembros contribuirá a que den más. Involucre a tantos como sea posible en los ministerios de la iglesia.

15. Comparta libremente la información sobre las cosas maravillosas que las ofrendas hacen posibles. Utilice anuncios para recordar a la gente el impacto que están teniendo. Los tablones de anuncios sobre la misión de la iglesia son buenos recordatorios para la congregación.

Las páginas web ofrecen formas de contar la historia de la iglesia y de interpretar la corresponsabilidad y las donaciones.

Conozca a sus donantes y los patrones de donación de la congregación

16. No haga suposiciones sobre lo que la gente da: la mayoría de las veces se equivocará.

17. Permita que su pastor tenga acceso a los registros de donaciones de los miembros como una cuestión de cuidado pastoral, no de poder o privilegio'

18. Manténgase alerta ante cualquier cambio en los patrones de donación: si se deja de dar sin explicación, si un hijo adulto empieza a firmar cheques para sus padres, si hay confusión sobre las donaciones, si las donaciones designadas sustituyen a las donaciones generales, etc. Notifique al pastor de cualquier preocupación potencial de cuidado pastoral.

19. Conozca a su gente y acérquese a ellos. Alguien que nunca ha dado no responde de la misma manera que alguien que da fiel, proporcional y generosamente.

20. Conoce el perfil financiero de tu comunidad. Si pocas personas llevan dinero en efectivo, una ofrenda improvisada no tendrá éxito. Recuerde que hay más mujeres que hombres con talonario de cheques y que las generaciones más jóvenes son más proclives a pagar por medios electrónicos u otros medios no monetarios. Es poco probable que una persona de veinticinco años haga una

donación de acciones, mientras que un socio mayor con ingresos fijos puede preferir una donación patrimonial a una que reduzca sus ingresos mensuales.

21. Supervise los indicadores de donaciones a lo largo del año. Compare los pagos de promesas con los de años anteriores.

22. Ya sabes cómo se comparan los ingresos reales con los presupuestados para un determinado momento del año. Evite informar de lo «necesario hasta la fecha» dividiendo el presupuesto total en segmentos mensuales o semanales iguales. Ninguna congregación recibe sus ingresos de manera tan uniforme. En lugar de ello, determine qué ingresos son «necesarios hasta la fecha basándose en una media móvil de tres años de qué porcentaje del total de donaciones se recibe normalmente durante ese período.

Ofrezca Diversas Formas de Dar

23. Ofrezca a la gente múltiples oportunidades de dar. Los nuevos en la iglesia pueden no estar familiarizados con el concepto de las promesas y el diezmo. Otras formas de dar pueden hacer que adquieran el hábito.

24. Considere la posibilidad de enviar alguna comunicación apropiada unas cuantas veces al año a los que no se comprometen y a los miembros no residentes.

25. Recuerde que las personas pueden dar de sus ingresos, de sus activos (acciones, 401ks, bonos y bienes inmuebles), o a través de legados o herencias. Cree oportunidades de donación adecuadas a cada tipo de donativo.

26. No espere décadas entre campañas de capital. Las campañas de capital más frecuentes crean una cultura de apoyo a las necesidades de capital de la iglesia y evitan que se descuiden los asuntos relacionados con la propiedad.

27. Cree una fundación o un fondo permanente, aunque todavía no haya recibido ningún legado. La gente no puede dar a lo que no existe. Formule políticas para testamentos, legados y herencias. Una donación importante puede provocar divisiones si no se aplican los procedimientos adecuados.

Ayuda a los Miembros en la Administración de sus Recursos Personales.

28. Recuerde que las finanzas personales y las decisiones de gasto forman parte de la mayordomía cristiana tanto como las donaciones a la iglesia. Demasiado a menudo las iglesias piden a la gente que considere la situación financiera de la iglesia, pero rara vez ofrecen ayuda con las situaciones financieras de los miembros.

29. Enseñar a los miembros a pensar en sus finanzas como una expresión de fe. Utilice recursos de estudio apropiados para fomentar una teología de la mayordomía personal. Reforzar el diezmo y la ofrenda de «primeros frutos» como una forma fiel de priorizar las finanzas personales, no como una forma de pagar las facturas de la iglesia.

30. Ofrecer talleres sobre presupuestos, gestión financiera y planificación patrimonial.

31. Fomente sesiones en las que los miembros puedan reunirse para discutir desafíos financieros personales. Por ejemplo, los padres de los estudiantes que se preparan para la universidad podrían discutir opciones de financiación educativa. Los responsables de padres ancianos podrían reunirse para hablar con otros miembros que hayan aprendido recursos para ayudar.

32. Atender las preocupaciones económicas de los feligreses. Ofrecer asistencia pastoral y grupos de apoyo a los desempleados, a los que están en transición profesional y a los que se enfrentan a dificultades económicas.

Desarrolle un Programa de Corresponsabilidad integral durante todo el año.

33. Predique sermones de corresponsabilidad durante todo el año, no sólo en las semanas previas a pedir una estimación de la ofrenda anual.

34. Ya sabes que el desarrollo de una congregación de fieles donantes no ocurre durante una campaña de corresponsabilidad de tres o cuatro semanas. Las personas no se convierten en fieles servidores en un momento o a través de un influencer.

35. Crear un calendario anual de corresponsabilidad, enfatizando diferentes preocupaciones de corresponsabilidad en diferentes momentos del año - tales como el compromiso anual en el otoño,

la donación de la segunda milla al final del año, la donación planificada en el Día de Todos los Santos, etc. Desarrollar temas de corresponsabilidad que encajen con los diferentes eventos de la iglesia y los tiempos litúrgicos.

36. Anime a dar fielmente durante el verano predicando sobre la mayordomía el último domingo antes de que termine la escuela. Todo el mundo sabe que las cuentas de las iglesias no se van de vacaciones, así que deja de recordárselo a tus miembros.

37. Haga de la educación sobre el dar y la corresponsabilidad una parte de su ministerio con niños y jóvenes.

38. Dedique tiempo a hacer bien todo lo relacionado con la mayordomía. Una mala planificación se traduce en malas donaciones. Inspira generosidad a través de una buena gestión.

39. Sabe que la gente da a organizaciones sanas en las que sabe que su dinero se utiliza con sensatez.

40. Mostrar honestidad y franqueza en las interacciones financieras.

41. Buscar una buena relación de trabajo basada en la confianza entre el párroco, el tesorero y el secretario financiero.

42. Asegúrese de que al menos dos personas no relacionadas entre sí cuenten la ofrenda cada semana.

43. Asegúrese de que todos los fondos se administran correctamente. Mantenga registros precisos de ingresos y desembolsos. Mantenga seguros los registros de las ofrendas.

44. Mantenga informada a la congregación de los asuntos financieros de manera significativa. Emita informes financieros puntuales y póngalos a disposición de cualquier miembro que los pida. Comunique los asuntos financieros de manera constante.

45. Envíe oportunamente los informes de promesas/estados de donaciones, siempre con un agradecimiento y un recordatorio sobre cualquier actualización que pueda ser necesaria.

46. Organice anualmente una auditoría o crítica independiente de los fondos. Ponga un breve anuncio en el boletín dominical unas cuantas veces figurando que la auditoría terminada ha sido revisada por el comité de finanzas y está a disposición de los miembros que deseen revisarla.

Dar las Gracias a menudo

47. Encuentre múltiples ocasiones y maneras de decir «gracias» a quienes hacen posible el ministerio de la iglesia: desde el púlpito, en persona, en el boletín y en sus estados de cuenta de donaciones.

48. Realice anualmente un «maratón de agradecimiento» no asociado a una campaña de recaudación de fondos.

49. Contar historias de cómo han cambiado vidas gracias a sus donaciones. La gente necesita saber que sus donaciones marcan la diferencia.

50. Como muestra de agradecimiento, asegúrese de que todos los procedimientos para dar sean lo más cómodos posible. Evite procedimientos y políticas que sean más convenientes para quienes manejan los fondos que para quienes los donan.[117]

---

117. A free e-newsletter from the Lewis Center for Church Leadership of Wesley Theological Seminary available at churchleadership.com

FORMAS DE DAR

Existen diferentes formas de hacer donativos u ofrendas a iglesias, organizaciones o instituciones benéficas. Estas maneras simplifican las formas en que la gente puede dar desde la comodidad de su hogar, iglesia o negocio.

Dar con un enlace. Sólo tienes que compartir un enlace, y cualquiera puede dar sin siquiera crear una cuenta.

En tu sitio web. Añade un botón destacado para donar en tu página web. Joanna escribió: «Digitalízate añadiendo opciones para dar en la página web de tu iglesia. Configura una forma clara de ofrecer donaciones online a tu comunidad. De este modo, podrán entrar fácilmente en la página web de tu iglesia para donar desde casa o incluso sacar sus teléfonos y dar desde sus asientos durante un servicio».[118]

Texto para donar. Basta con pulsar un par de veces con el pulgar.

Punto para donar. Configura un iPad para que puedan dar en el vestíbulo.

Aplicación personalizable. Da a través de una aplicación que puedes personalizar para adaptarla a la imagen de tu iglesia.

Efectivo y cheque. Puede registrar rápidamente sus donaciones más tarde.

---

118. Joanna Gray, www.clovergive.com

Zelle. Puedes transferir tus donativos u ofrendas desde tu cuenta a la cuenta de la iglesia, del ministerio o de la organización.

Hazlo recurrente. La gente puede configurar un retiro recurrente o automático de sus cuentas mensualmente. «Esos son los beneficios de las opciones de pago recurrente, y lo mismo puede estar disponible para la congregación cuando usted hace esa opción para dar a su iglesia. Haga hincapié en la opción de elegir una donación recurrente en su sitio web. Ofrezca a sus feligreses la posibilidad de programar sus aportaciones con tarjeta de débito desde su mismo sitio web».[119]

Ponga a alguien al mando. Las iglesias y organizaciones deberían poner a personas a cargo de recolectar las ofrendas y donativos de la iglesia. Debe ser un trabajo voluntario. Su única responsabilidad es hacer un seguimiento del dinero que llega a la iglesia o a la organización. También deben controlar cómo se gasta el dinero.

---

119. Joanna Gray, www.clovergive.com

BIBLIOGRAFÍA

Comentarios
Buttrick, George A. et al. *The Interpreter's Bible*. vol. 10. Nashville; Tennessee: Abingdon Press, 1978.
Spence, H. D. M., Joseph S. Exell. *The Pulpit Commentary on Corinthians*, vol. 19. Grand Rapids, Michigan: Eerdmans Publishing Company, 1952.
Williams, Charles. *A Commentary on the Pauline Epistles*. Chicago, Michigan: Moody Press, 1953.

Diccionarios y Enciclopedias
Hornby, A.S.E.V. Gatenby, H. Wakefield. *The Advanced Learner's Dictionary of Current English*. London: England: Oxford University Press, 1965.
Merrill, Tenney C. et al. *The Zondervan Pictorial Encyclopedia of the Bible*. vol. 1. Grand Rapids, Michigan: Zondervan Publishing House, 1977.

Libros
Allen, Hattie Bell. *Living for Jesus*. Nashville, Tennessee: The Sunday School Board of the Southern Baptist Convention, 1939.
Aluko S. A. *Christianity and Communism: The Challenge to Our Church*. Ibadan, Nigeria: Daystar Press, 1964.
Azariah, V. S. *Christian Giving*. New York, New York: World Christian Books Association Press, 1955.
Beall, Delouise M. *Christian Stewardship*. Grand Rapids, Michigan: Zondervan Publishing House, 1955.

Beaven, A. W. *Putting the Church on a Full Time Basis.* New York, New York: Double Day, Doran and Company, Inc., 1928.

Benson, Clarence H. *The Church at Work.* Los Angeles, California: The Viola Book Room, 1929.

Burke, R. M. *Pounds and Pennies: How to Save, Spend and Give Money.* Ibadan, Nigeria: Daystar Press, 1967.

Kilinski, Kenneth K., and Jerry C. Wofford. *Organization and Leadership in the Local Church.* Grand Rapids, Michigan: Zondervan Publishing House, 1976.

Lang, G. H. *An Ordered Life.* London, England: The Paternoster Press, 1959.

Lugt, Vander Herbert and Carl H. Smith. *As the Ushers Come Forward.* Grand Rapids, Michigan: Radio Bible, 1976.

Moore, D. Merrill. *Found Faithful: Christian Stewardship in Personal and Church Life.* Nashville, Tennessee: Broadman Press, 1953.

Rees, Paul S. *Christian Commit Yourself.* London, England: Pickering and Inglis Ltd., 1957.

Rice, R. John. *All About Christian Giving.* Wheaton, Illinois: Sword of the Lord Publishers, 1954.

Roberts, Oral. *Miracle of Seed Faith.* Tulsa, Oklahoma: Oral Roberts, 1970.

Ryrie, Caldwell Charles. *Balancing the Christian Life.* Chicago, Illinois: Moody Press, 1981.

Ryrie, Caldwell Charles. *The Ryrie Study Bible.* Chicago, Illinois: Moody Press, 1978.

Ryrie, Caldwell Charles. *What You Should Know About Social Responsibility.* Chicago, Illinois: Moody Press, 1982.

Sankey, DR. Ira. *Sacred Songs and Solos.* London, England: Marshall Morgan and Scott, "n.d."

Prensa

Christensen, Winnie and Chuck, "We Just Can't Afford to Tithe." *Mood Monthly.* July/August 1982.

Werning, J. Waldo. "What Moves Men as Stewards." *Christianity Today.* 24:91, April 1970.

Algunos libros sugeridos

Collins, Marjorie A. *Who Cares About the Missionary?* Chicago, Illinois: Moody Press, 1974.

Ely, Virginia. *Stewardship: Witnessing for Christ.* Westwood, New Jersey: Fleming H. Revell Company, 1962.

Harlow, E. R. *The Imperfect Church.* Ontario, Canada: Everyday Publications Inc. M IS 4L7, 1982.

Hillis, Don. *30 Pieces of Silver.* Findlay, Ohio: Durham Publishing Company, 1960.

Legsters, L. L. *God's Fellow-Workers.* Philadelphia, Pennsylvania: Pioneer Mission Agency, 1937.

Sanders Oswald. J. Light on Life's Problems. London, Edinburgh: Marshall, Morgan and Scott Limited, 1946.

Smith, B. Paul. *World Conquest.* London, England: Marshall, Morgan and Scott Limited, 1966.

Thompson, Phyllis. *Proving God, Financial Experiences of the China Inland Mission.* Chicago, Illinois: Moody Press, 1956.

Páginas web

Anderson. https://www.the bridgeonline.ne/category/articles/

Anderson, Brian. https://www.thebridgeonline.net/authority/brian/

Copeland, Kenneth. "Tithing 101: The Top 10 Bible Truths You Need to Know." https://blog.kcm.org/tithing-101-the-top-10-bible-truths-you-need-to-know/?

Cree, Chris. "2 Ways God Promises to Benefit You for Tithing" https://newcreeations.org/god-promises-benefits-tithing/?

Dr. Sargeant, Adrian. www.campellrinker.com/Managing_donor_defection.pdf

En.m.wikipedia.org.

Gray, Joanna. www.clovergive.com

A free e-newsletter from the Lewis Center for Church Leadership of Wesley Theological Seminary available at churchleadership.com

https://bible.org/seriespage/lesson-5-giving-god-s-way-selected-scriptures

https://bible-truths-revealed.com/adv15.html

https://blog.kcm.org/tithing-101-the-10-bible-truths-you-need-to-now/?gclid=EAlalQobChMl2rfVfmJ7AlV7Vrx6tBh38ogx7EAMYASAE

gL7 2vD_BwE
https://churchleaders.com/pastors-/pastor-how-to/150313-patrick-johnson-giving-why-christians-don-t-give-church.html.
hhttps://firespring.com/solutions-for-nonprofits/7-reasons-why-donors-leave-you/
https://jcbc.org/3-reasons-why-pledging-matters/
https://pushpay.com/blog/20-bible-verses-about-tithing/
https://ststephens-spokane.com/Ministry/christian-giving-and-pledging.html
https://wealthwithpurpose.com/our-course/
https://www.biblestuytools.com/bible-study/topical-studies/what-does-the-bible-say-about-giving.html
https://www.cafonline.org/my-personal-giving/long-term-giving/resource-centre/five-reasons-to-give--to-charty
https://www. compellingtruth.org/alms.html#:~:text=In the Bible and in historic Christianity%2C almsgiving, seventh year%2C leave the entire field %28E
https://www.episcopalcafe.com/stewardship_tithing_giving_annual_pledge_defined/
https://www.focusonthefamily.com/family-qa/biblical-principles-and-principles-about-money/
https:www.jerrysavelle.org
https://www.networkforgood.com/nonprofitblog/7-reasons-why-donors-give/
https://bethebudget.com/consequences-of-not-budgeting/#:~:text=8 painful Consequences Of Not Budgeting, budgeting%2C
I operated my finances MacArthur, John. "Principles of Godly Giving, Pt. 1-2 Corinthians 8 & 9"
https:/gracebibleny.org/principles_of_godly_giving_pt_1_2_corinthians_8_9.
Soroski, Jason. "The Way I See It." www.Jasonsoroski.wordpress.com
Val Boyle https://bible-truths-revealed.com/adv15.html
Werning, Waldo J. "What Moves Men as Stewards." Christianity Today. April 24, 1970, p. 91. www.campbellrinker.com/Managing_donor_defection.pdf

Acerca del Autor

Vincent Onyebuchi Nwankpa, PhD, cofundó Eternal Word Communication Ministries con su esposa, Chinyere. A Vincent le encantan los niños. Es el propietario de Eternal Word Christian Schools International, Umudibia, Nekede, Estado de Imo, Nigeria. Es educador jubilado del Distrito Escolar Unificado de Los Ángeles. Es misionero, pastor y profesor. Ha plantado iglesias en Nigeria y Estados Unidos. Fundó la Iglesia Cristiana Palabra Eterna en Nekede. Ama al Señor Jesucristo y le encanta servirle. El Dr. Nwankpa sirve como anciano y miembro de la junta directiva de su iglesia: Long Beach Alliance Church.

Le encanta ganar almas para Cristo. Predica en la Misión de Rescate de Long Beach una vez al mes. Es autor publicado de Understanding Cultural Perspectives, God's Word and Missions: A Powerful Tool for Theologizing un libro electrónico hecho simplemente para usted. Su otro libro sobre el matrimonio está en camino. El Dr. Nwankpa está felizmente casado desde hace treinta y seis años con su esposa, Chinyere, y Dios les ha bendecido con dos hijos, Chidi y Chioma. Trabaja para el Distrito Escolar Unificado de Los Ángeles y el Distrito Escolar Unificado de Lynwood como profesor sustituto cuando no está en el campo misionero en Nigeria.